Endstation Hochgrat

Ein Roman von
Susanne N. Bahro

Aus der Reihe
ALLGÄU ROMANTIK
Band III

1. Auflage August 2016

Text, Bild, Konzeption & Gestaltung:
Susanne N. Bahro
Irsengund 10
88179 Oberreute

Druck & Bindearbeiten:
PRINT GROUP Sp. z o.o.
ul. Księcia Witolda 7
71-063 Szczecin / Polen

ISBN: 978-3-00-053927-5

Vorwort

Geschichten wie ein Kurzurlaub im Allgäu!

Griaß di,

seit jeher ist es mir ein Herzensanliegen, die Schönheit meiner Allgäuer Heimat anderen Menschen zu vermitteln. Das ist auch das Ziel der Serie ALLGÄU ROMANTIK, in der ich fiktive Geschichten erzähle, die an real existierenden Orten spielen.

Ich freue mich sehr über dein Interesse an diesem Buch und hoffe, dass du beim Lesen ebenso viel Freude haben wirst, wie ich beim Schreiben hatte. Möge es dir mein Allgäu auf unterhaltsame Weise näher bringen!

Geschichten und handelnde Akteure sind selbstverständlich frei erfunden. Sehenswürdigkeiten und Ortschaften hingegen habe ich so beschrieben, wie ich sie kenne und liebe, schließlich sollen ortskundige Leser und zukünftige Besucher die Schritte meiner Protagonisten nachvollziehen können.

Auf die Verwendung von Dialekt habe ich bewusst verzichtet, da es unmöglich wäre, den besonderen Färbungen einer jeden Region gerecht zu werden, außerdem würde es die Verständlichkeit unnötig beeinträchtigen.

Nun wünsche ich viel Lesevergnügen und verbleibe mit einem herzlichen Pfiat di!

Susanne N. Bahro

Prolog

Es konnte sich nur um einen Irrtum handeln. Erst kürzlich hatte sie gelesen, wie hoch die Fehldiagnose deutscher Ärzte war, was Melissa nicht wunderte. Auch ein Arzt war nur ein Mensch. Und Menschen konnten sich bekanntlich irren. Ihr Hausarzt Dr. Reibacher jedenfalls hatte sich ganz bestimmt geirrt. Sie – am Rande eines Burnouts? Nie im Leben! Diese Modekrankheit war Melissas Meinung nach das Vorrecht hochbezahlter Manager, die rund um den Globus reisten und darüber vergaßen, in welcher Zeitzone sie sich gerade befanden. Sie war das körperliche Statussymbol all derer, für die Jetlag kein vorübergehender Zustand war, sondern permanenter Lebensstil. Aber das betraf doch nicht sie, die kleine Angestellte einer deutschen Großbank! Gut, so klein nun auch wieder nicht, immerhin hatte sie es bis zur Firmenkundenbetreuerin gebracht! Trotzdem.

Das Arztrezept fest in der Hand haltend ging Melissa auf die Apotheke zu. Vor der Tür straffte sie ihre Schultern und erhaschte in der Glasscheibe einen Blick auf ihr Spiegelbild. Es war das Bild einer ausgemergelten, abgehetzten Frau Ende dreißig. Das dunkelbraune Haar hing schlaff und dünn herunter, die Augen waren klein und übernächtigt, die Wangen eingefallen. Ihre Haut hatte eine unnatürliche, graue Färbung angenommen, was aber auch dem Zwielicht des verregneten Sommernachmittags geschuldet sein könnte.

Bei jedem Besuch fragte ihre Mutter: „Isst du auch genug, Kind?“ Worauf Melissa gebetsmühlenartig antwortete: „Aber natürlich, Mama!“ – was natürlich nicht stimmte. Denn tagsüber war an Essen oft gar nicht zu denken. Zudem plagten sie seit einiger Zeit diese stechenden Schmerzen in der Magengegend. Aber wozu gab es Säureblocker?

Leider hatten die frei verkäuflichen Mittel allesamt nicht geholfen. Aber vielleicht bekam sie ja vom Arzt ein wirksameres Präparat? Die Pharmaindustrie arbeitet bekanntermaßen unter Hochdruck daran, immer neue, noch bessere Medikamente zu entwickeln, da musste doch auch eines dabei sein, das ihren aufgewühlten Magen beruhigen könnte.

In der Hoffnung, dass er ihr ein schnell wirkendes Medikament verschreiben würde, hatte Melissa einen Termin bei Dr. Reibacher vereinbart. Doch der hatte sich für ihre Beschwerden gar nicht interessiert, sondern sie, kaum, dass sie auf dem Besuchersessel Platz genommen hatte, mit eigenartigen Fragen gelöchert.

„Wie schlafen Sie?“, wollte er etwa von ihr wissen.

„Wenig, aber ich habe noch nie viel Schlaf gebraucht!“, verkündete Melissa ungeachtet der Tatsache, dass der Anlass ihres letzten Arztbesuchs massive Schlafstörungen waren.

„Haben Sie akuten Stress?“

„Nicht mehr als jeder andere auch“, lautete ihre ehrliche Einschätzung.

„Oder gab es in letzter Zeit vielleicht irgendwelche außergewöhnlichen, seelischen Belastungen, die über das alltägliche Maß hinausgehen?“, fragte Dr. Reibacher und rückte seine dunkle Hornbrille zurecht.

Stumm schüttelte Melissa den Kopf.

Was sollte sie auch sagen? Sie konnte ihm doch unmöglich von der Krebserkrankung ihrer Mutter erzählen und davon, dass sie dadurch in ihren Ansprüchen noch unerbittlicher geworden war als sonst schon. Auch die unerfreuliche Geschichte von ihrem bindungsscheuen Freund, der zufälligerweise auch ihr Vorgesetzter war, würde Dr. Reibacher wohl kaum interessieren. Und noch viel weniger die Tatsache, dass sie sich überraschend von Thomas hatte trennen müssen, nachdem der zur Unterzeichnung des Kaufvertrags für die gemeinsame Wohnung einfach nicht erscheinen war. Wenn sie damit anfing, würde sie unweigerlich auch zugeben müssen, dass sie dumm genug gewesen war, den Vertrag trotzdem allein zu unterschreiben – und sich damit bis zum Hals in Schulden zu stürzen! Nein, ihre Sorgen und Wehwehchen konnte sie dem Arzt, dessen Wartezimmer voller Patienten war, die wirklich krank waren, wahrhaft nicht zumuten. Trotzdem bestand er eisern darauf, sie für vier Wochen krankzuschreiben. Mindestens!

„Vier Wochen?“ Melissa lachte trocken auf und schüttelte bedauernd den Kopf. „Vollkommen ausgeschlossen!“

Nach langer Diskussion einigten sie sich darauf, dass sie sich wenigstens eine einwöchige Auszeit nehmen sollte. Dr. Reibacher stimmte diesem Vorschlag jedoch nur unter der Bedingung zu, dass Melissa in dieser Zeit verreiste – und zwar an einen abgelegenen Ort, wo sie absolute Ruhe hatte und völlig abschalten konnte. Unterstützend sollte sie das Medikament einnehmen, das er ihr verschrieb.

„Nur ein milder Stimmungsaufheller“, sagte er beruhigend und unterschrieb schwungvoll das Rezept.

Dabei war sie doch gar nicht deprimiert, höchstens

ein wenig frustriert. Das war aber auch schon alles.

„Guten Tag, was kann ich für Sie tun?"

Die Apothekerin sah aus, wie man es von einer Frau ihres Standes erwarten durfte. Gepflegt, vital und entspannt. Sie mochte vielleicht fünfzig sein, hatte aber die frische Ausstrahlung einer Mittdreißigerin. Sofort fühlte Melissa sich gut aufgehoben. Sie reichte das Rezept über den Tresen, das die Frau im weißen Kittel entgegennahm und aufmerksam studierte. Stirnrunzelnd blickte sie auf und sah Melissa über den Rand ihrer goldenen Lesebrille hinweg ernst an. „Haben Sie dieses Medikament schon einmal genommen?", fragte sie.

Melissa verneinte.

„Es ist zwar kein besonders starkes Mittel, aber bei Antidepressiva sollte man grundsätzlich vorsichtig sein. Leider kenne ich Ihren Hausarzt nicht – sind Sie schon lange seine Patientin?"

„Seit ungefähr drei Jahren", entgegnete Melissa. Wobei sie streng genommen nur zweimal dort war. Einmal wegen einer Erkältung und einmal, um sich Schlaftabletten verschreiben zu lassen. Dank der kleinen, hellblauen Kügelchen gehörten ihre Einschlafprobleme endgültig der Vergangenheit an. Jetzt hoffte Melissa darauf, dass das neue Medikament ihr zu einer ebenso simplen Lösung verhelfen würde.

„Ich kann Ihnen dieses Präparat aushändigen, muss Sie aber warnen. Die Nebenwirkungen sind nicht ohne! Bei einigen Patienten verursacht das Mittel Herzrhythmusstörungen, andere klagen nach der Einnahme über akute Magenbeschwerden."

„Magenbeschwerden? Die hab ich sowieso schon!"

„Tatsächlich?" Die Apothekerin wirkte mit einem

Mal besorgt. Sie konsultierte ihren Computer, dann sagte sie: „Ich habe das Medikament momentan leider nicht vorrätig. Soll ich es bis morgen für Sie bestellen?“

Melissa kamen Zweifel. Wollte sie das wirklich? Ein Antidepressivum? Damit wäre sie unwiderruflich auf die Psychoschiene abgeschoben! In der heutigen Zeit, in der Daten gläsern und für jeden einsehbar waren, wusste man doch nie, wer davon erfahren würde.

„Wissen Sie was, ich überleg`s mir. Vielen Dank für die Beratung!“

Die Apothekerin gab Melissa das Rezept zurück und brachte sie zur Tür. „Wenn Sie mich fragen, sind solche Mittel nur therapiebegleitend sinnvoll, für gesunde Menschen ist das keine Lösung. Bauen Sie lieber aktiv Stress ab, das ist das einzige, was auf Dauer hilft! Glauben Sie mir, ich spreche da aus Erfahrung.“ Mit einem freundlichen Lächeln verabschiedete sie sich.

Draußen auf der Straße warf Melissa einen Blick auf ihre silberne Armbanduhr. Es war Freitagnachmittag und die offizielle Arbeitszeit für heute bereits beendet. Trotzdem gab es noch genügend zu tun. Sie könnte also zurück ins Büro gehen, um weitere Überstunden anzusammeln oder aber …

Die Buchhandlung schräg gegenüber brachte sie auf eine bessere Idee.

Voller Tatendrang schloss Melissa anderthalb Stunden später die Tür zu ihrem kleinen Appartement in einem hübsch angelegten Hinterhof am Rande der Frankfurter Innenstadt auf. Sie ließ die elegante

Handtasche zu Boden fallen, kickte die schwarzen Pumps von sich und öffnete auf dem Weg ins Schlafzimmer den Reißverschluss ihres Kostümrocks. Es war jeden Abend dasselbe Ritual. So richtig zu Hause angekommen war sie erst, wenn sie aus den unbequemen Businessklamotten raus war.

Melissa tapste über den alten Dielenboden und riss die Sprossenfenster auf, um die laue, vom Regen gereinigte Abendluft hereinzulassen. Dann tauschte sie das Nadelstreifkostüm, den weißen Blusenbody und die hauchdünne, klima-aktive Nylonstrumpfhose gegen eine senfgelbe Leggings aus, zu der sie ein kirschrotes Longshirt aus einem weichen, anschmiegsamen Gewebe wählte. Augenblicklich fühlte sie sich besser.

An ihrem Arbeitsplatz waren Farben verpönt. Zum Ausgleich liebte es Melissa, in ihren eigenen vier Wänden in einem wahren Farbrausch zu schwelgen. Diese Vorliebe machte auch vor ihrer Einrichtung nicht Halt, unter der so erlesene Stücke zu finden waren wie der himmelblaue Schreibtisch eines dänischen Nachwuchsdesigners oder das feuerrote Regal, das zwischen seinen beiden weißen Pendants fröhlich herausstach.

Barfuß ging Melissa in die Küche und nahm einen Naturjoghurt aus dem Kühlschrank, den sie mit Weizengraspulver anreicherte. Damit setzte sie sich, ein Bein angewinkelt, auf einen der beiden Barhocker am Frühstückstresen. Während ihr Laptop hochfuhr dachte sie darüber nach, was für ein Glücksgriff dieser kleine Buchladen doch gewesen war.

Der flinke Verkäufer hatte sofort verstanden, was ihr vorschwebte, und ihr ohne zu zögern den neuesten

Bestseller von Trend-Guru Erik Edelmann in die Hand gedrückt. Von dem hatte Melissa schon viel Gutes gehört, hatte aber noch nie eines seiner Werke gelesen. Das Buch, das der Buchhändler ihr empfohlen und schließlich auch verkauft hatte, trug den vielversprechenden Titel: *Stressfrei in sieben Tagen!* Das war genau das, was sie jetzt brauchte! Fehlte nur noch ein geeigneter Rückzugsort, um das Programm zur Blitz-Entspannung erfolgreich in die Tat umzusetzen!

Melissa loggte sich ein und rief eine Internetseite mit Lastminute-Angeboten auf. Ungeduldig klickte sie sich durch die Vorschläge, aber die meisten Reiseziele kamen nicht in Frage. Entweder lagen sie tief im Süden, wo es ihr jetzt, Mitte August, viel zu heiß war, oder sie waren zu weit weg. Was ihr vorschwebte, war ein kuscheliges Wellness-Hotel, nicht zu groß, dafür aber luxuriös und schön gelegen. Vielleicht in Irland oder Wales? Melissa rief die Homepage eines altehrwürdigen, schottischen Landsitzes auf, doch das erste, was sie sah, war eine Live-Webcam – und strömender Regen! Sofort klickte sie die Seite wieder weg. Ratlos starrte Melissa auf die lange Liste möglicher Urlaubsziele, als ein Blinken am rechten, oberen Bildschirmrand ihre Aufmerksamkeit auf sich zog.

„Destination-Finder", las sie laut und klickte auf den Link. Ein neues Fenster tat sich auf. Es enthielt eine Art Fragebogen zu ihren Urlaubswünschen, nach dessen Beantwortung das exakt auf ihre Bedürfnisse zugeschnittene Reiseziel errechnet werden sollte. Ein Versuch war es allemal wert.

Melissa entschied sich für drei Kriterien: Wellness,

ab vier Sterne sowie Ruhe und Abgeschiedenheit. Nachdem sie noch das Reisedatum eingetragen hatte, drückte sie erwartungsvoll den OK-Button. Sekunden später las sie ungläubig das Ergebnis. Ihr ideales Urlaubsziel ist: Oberstaufen im Allgäu!

Allgäu? Da musste ein Irrtum vorliegen! Irritiert fixierte Melissa den Bildschirm. Was sollte sie, die eingefleischte Großstadtpflanze, zwischen lauter Rindviechern und Almhütten? Das war nun wirklich nicht ihre Welt! Vielleicht hätte sie bei der Rubrik Länder doch lieber nicht 'alle' auswählen sollen.

Die nächste Option lautete: Angebot ansehen. Mehr aus Neugier als aus Überzeugung klickte sie darauf und bekam umgehend eine stattliche Anzahl möglicher Hotels angezeigt. Unmotiviert überflog Melissa die Kurzinformationen. Zentral gelegen kam schon Mal nicht in Frage, schließlich wollte sie ihre Ruhe haben. Das Haus, das täglich abends Tanz versprach, klammerte sie ebenfalls aus. Doch dann stieß sie auf ein ansprechendes Luxus-Resort. Es versprach nicht nur naturnahe Ortsrandlage und Golfplatznähe, sondern auch eine exquisite Sterneküche sowie ein topmodernes Spa.

Spaßeshalber rief Melissa die Detailseite auf und zuckte empfindlich zusammen, als sie den saftigen Preis sah. Aber die Hotelbeschreibung war so blumig formuliert, dass sie sich schon beim bloßen Durchlesen in einem erholsamen Heubad liegen und gemütlich in einer Waldhängematte schaukeln sehen konnte. Ein sehnsuchtsvolles Ziehen in der Herzgegend verleitete sie zu einem für ihre Verhältnisse ungewohnt spontanen Entschluss.

„Auf ins Allgäu!“, rief Melissa. Gesagt – gebucht!

Postwendend landete die Bestätigung in ihrem Maileingang, jetzt gab es kein Zurück mehr. Und schon in zwei Tagen sollte es losgehen!

Ankunft im Allgäu

Die Fahrt war wider Erwarten äußerst angenehm verlaufen. Um Würzburg herum hatte sich der Verkehr aufgestaut, aber wenig später war es wieder flüssig vorangegangen. Besonders das letzte Stück des Weges ab Ulm war Melissa überraschend kurz vorgekommen. Und als sie an einer Raststätte anhielt, um einen Espresso zu trinken, kam fast so etwas wie Urlaubsstimmung in ihr auf.

Am Nebentisch saß eine junge Familie mit drei Kindern, die aufgeregt durcheinanderredeten. Aus dem Wirrwarr konnte Melissa heraushören, dass die fünf offenbar regelmäßig ins Allgäu fuhren und der Zwischenstopp an diesem Rastplatz ein geliebtes Ritual war, das den offiziellen Urlaubsbeginn markierte. Die glücklichen Gesichter versetzten ihr einen Stich, denn familiäre Gemeinschaftserlebnisse wie dieses waren Melissa in ihrer eigenen Kindheit verwehrt geblieben.

Als ihr Vater die Familie verlassen und sich nach Berlin abgesetzt hatte, war sie erst neun Jahre alt gewesen. Von diesem Tag an war der Kontakt zu ihm völlig abgebrochen, während er mit ihrer um drei Jahre älteren Schwester Kerstin einen regen Briefverkehr gepflegt hatte. Wie eng die Beziehung zwischen den beiden war, wurde Melissa aber erst so richtig bewusst, als Kerstin nach dem Abitur zum Studieren nach Berlin gegangen war, wo sie in der Anfangsphase sogar bei ihm und seiner neuen Frau gewohnt hatte. Melissa dagegen war dazu verdammt gewesen, in dem winzig-kleinen Ort nahe Wiesbaden bei ihrer ständig unzufriedenen Mutter zu bleiben, die kein gutes Haar an ihren Ex-Mann ließ – und ihm jetzt sogar die Schuld dafür die in die Schuhe schob, dass sie an Krebs erkrankt war.

Nach wenigen Monaten war für Melissa klar gewesen, dass es nur einen Ausweg geben konnte: Sie musste ihren Heimatort verlassen und woanders neu anfangen. Unmittelbar nach dem erfolgreichen Abschluss ihrer Ausbildung zur Bankkauffrau hatte sie daher damit begonnen, sich auf jede offene Stelle in der Zentrale in Frankfurt zu bewerben. Aber es sollte noch viele Jahre dauern, bis es endlich klappte – ein Schritt, den ihre Mutter ihr bis auf den heutigen Tag zum Vorwurf machte und der wie eine unüberwindbare Barriere zwischen ihnen stand.

Es war außergewöhnlich schwül an diesem Tag und Melissa genoss den Luxus der Klimaautomatik ihres weißen Opel Astra, den sie dank Thomas` Fürsprache seit einem guten Jahr ihren Geschäftswagen nennen durfte. Sie hatte die Raststätte kaum hinter sich gelassen, da befahl das Navigationsgerät auch schon, sie solle von der Autobahn abfahren. Die freundliche Computerstimme führte sie über eine gut ausgebaute Landstraße mitten hinein in eine Landschaft, wie sie kitschiger kaum sein könnte. Saftig grüne Wiesen, auf denen Kühe friedlich grasten, im Sonnenlicht golden schimmernde, wogende Getreidefelder und im Hintergrund eine lange Bergkette, die hellblau in der Hitze flimmerte.

Melissa war nicht der Typ, der gern in die Berge fuhr, was aber auch daran liegen könnte, dass sie generell ungern verreiste. Und an der Tatsache, dass sie seit Jahren kaum einen Tag freigehabt hatte, denn ihr Job hielt sie mächtig auf Trab. Es war eben ein Unterschied, ob man studiert hatte und gleich als Manager ins Berufsleben einsteigen konnte, oder ob man sich erst mühsam von ganz unten hocharbeiten musste. Die nebenberufliche Weiterbildung zum Bankenfachwirt hatte sie mit Prädikat bestanden, doch selbst das konnte nichts daran ändern, dass sie sich neben ihren akademisch ausgebildeten Kollegen immer ein wenig minderwertig fühlte. Zumal etliche darunter waren, die sie deutlich spüren ließen, dass sie in ihren Augen ein Mitarbeiter zweiter Klasse war, der sich doppelt anstrengen musste, wenn er beim Kampf um die nächsthöhere Position berücksichtigt werden wollte. Dass sie jetzt auch noch Thomas abserviert hatte, würde ihrer Karriere garantiert auch nicht gerade zuträglich sein …

Schnell schob Melissa die unerfreulichen Gedanken beiseite. Für die nächsten sieben Tage hatte sie sich vorgenommen, nicht über Probleme nachzugrübeln, sondern sich einzig und allein der geistigen Erholung und körperlichen Regeneration zu widmen. Und danach – davon war sie felsenfest überzeugt – würde sie kraftvoll und erfrischt in die Bankenmetropole zurückkehren und sich mutig allen Gefechten stellen, die dort auf sie warten mochten. Denn wenn sie eine Stärke hatte, dann war es Disziplin. Mit ihrem eisernen Willen hatte sie bislang jedes Hindernis aus dem Weg geschafft, warum also sollte das diesmal anders sein?

Sie würde das hochgelobte Anti-Stress-Programm radikal durchziehen – und dabei wunderbar entspannen!

Das Hofgut Helwig übertraf schon auf den ersten Blick alle Erwartungen. Wie in die Landschaft gemalt lag das dreigeschossige Haupthaus mit seinen rustikalen Balkonen am Fuße einer mit Wiesen und Wäldchen überzogenen Anhöhe.

Melissa fuhr bis vor den Eingang, wo sie von einem sympathischen, jungen Mann in Empfang genommen wurde. Galant nahm er ihr den Autoschlüssel ab und begleitete sie zur Rezeption – ein Service, der in der gehobenen Hotellerie nichts Besonderes war, den sie jedoch gerade heute sehr zu schätzen wusste, gab er ihr doch das Gefühl, willkommen zu sein. Dieser Eindruck sollte sich umgehend fortsetzen.

„Griaß di, ich bin die Kati“, sagte die hübsche Frau im schwarzen Dirndl und strahlte Melissa zwischen zwei eingedrehten, hellblonden Zopfschnecken über den Ohren an. „Wir sind hier alle per du, ich hoff, das ist ok für dich!“

Melissa zögerte einen Moment, stimmte dann aber mit einem höflichen Nicken zu. Sie wollte nicht schon am Tag der Anreise unnötig kompliziert erscheinen.

„Ich bin während deines Aufenthalts deine persönliche Betreuerin. Wenn du also Fragen hast oder irgendetwas brauchst, kommst du einfach zu mir.“ Kati reichte ihr eine Karte.

Kati Klein, Gästebetreuung, stand darauf. Auf der Rückseite waren ihre Kontaktdaten inklusive Handynummer vermerkt. Hatte das arme Mädchen denn niemals einen freien Tag? Verwundert schaute Melissa sie an.

„Doch, doch, keine Sorge! Sollte ich mal nicht da

sein, gibt es eine Vertretung. Aber die meiste Zeit wirst du mich persönlich hier antreffen“, versprach sie und lächelte einnehmend. „Darf ich dir vielleicht einen Begrüßungstrunk anbieten, bis der Basti dein Gepäck aufs Zimmer gebracht hat?“

Sie durfte.

Melissa wollte sich gerade zu der dunkelgrünen Sitzgruppe begeben, um ein Glas Holunderblüten-Secco in Empfang zu nehmen, als sie rüde von hinten angerempelt wurde. Erschrocken fuhr sie herum. Der Typ, der sie beinahe über den Haufen gerannt hätte, schien nicht im Traum daran zu denken, sich bei ihr zu entschuldigen. Ungeniert schäkerte er mit Kati herum, Melissa hingegen bedachte er lediglich mit einem abschätzenden Blick, gerade so, als wäre sie diejenige, die im Weg gestanden hatte.

„Also, ich muss schon sehr bitten!“, stieß Melissa empört aus. So ein Unhold!

Er grinste sie frech unter seinem zerzausten, dunklen Haarschopf hervor an. Doch anstatt sich bei ihr zu entschuldigen sagte er: „Ist ja grade nochmal gut gegangen!“ Dann steckte er die Hände in die Taschen seiner ausgewaschenen Jeans und lief fröhlich pfeifend davon.

Ja ist es denn die Möglichkeit?! Verärgert hob Melissa ihre heruntergefallene Tasche auf und sah ihm nach. Das fing ja gut an!

Vor der Lifttür besaß der Mann die Dreistigkeit, sich nochmals zu ihr umzudrehen und ihr bis die Tür sich schloss mit einem schiefen Lächeln zuzuwinken!

Angewidert wandte Melissa sich ab. Der hielt sich wohl für unwiderstehlich!

Das Einzelzimmer war nicht allzu groß, aber mit den weißen Lackmöbeln im gediegenen Landhausstil und den altrosafarbenen Textilen sah es exakt aus wie auf den Fotos im Internet. Zufrieden mit ihrer Wahl öffnete Melissa die Balkontür und trat hinaus.

Allmählich ließ die Hitze des Tages nach und ein laues Lüftchen streifte ihr spielerisch durchs Haar. Sie hob die Arme in die Luft und atmete ein paarmal tief durch. Nach den Strapazen der letzten Wochen hatte sie sich wahrlich eine kleine Pause verdient!

Melissas Blick schweifte über die gepflegte Parkanlage und den flaschengrünen Schwimmteich hinüber zu der idyllisch anmutenden Ortschaft, deren Kirchturm im Sonnenlicht schwarz glänzte. Das musste Oberstaufen sein. Dahinter erhoben sich majestätisch die Berge, die zum Greifen nah schienen und in Melissa den befremdlichen Wunsch weckten, sich auf einen der schroffen Gipfel zu stellen und herunterzuschauen. Kaum auszudenken, wie fantastisch die Aussicht von dort oben aus erst sein musste! Aber da sie über keine nennenswerte Wandererfahrung verfügte und auch nicht vorhatte, das in den nächsten Tagen zu ändern, würde ihr dieser Genuss wohl verwehrt bleiben. Macht nichts, dachte sie, das Resort hatte auch sonst genug zu bieten, zumal es ihr erklärtes Ziel war, jeglicher Anstrengung aus dem Weg zu gehen.

Die verbleibende Zeit bis zum Abendessen nutzte Melissa für ein paar Schwimmrunden in dem verlockenden Badesee. Am Ufer angelangt, streifte sie das knitterfreie Ringelkleid ab, unter dem sie einen sonnengelben Einteiler trug, und ließ sich vorsichtig von den Holzplanken ins Wasser gleiten. Das Wasser war erstaunlich warm, für eine Abkühlung fast sogar zu warm. Sie hatte Glück, denn bis auf ein älteres Paar, das auf Sonnenliegen vor sich hin döste, war sie momentan der einzige Gast.

In langen Zügen durchschwamm Melissa den Naturteich und fragte sich, warum sie nicht öfters Schwimmen ging. Es war wohltuend und überdies gut für die Figur. In ihrer ersten Zeit in Frankfurt hatte sie bisweilen ein öffentliches Schwimmbad besucht, diese Gewohnheit aber bald wieder aufgegeben. Von Woche zu Woche war ihr Job fordernder geworden und hatte immer mehr Einsatz und Stunden von ihr abverlangt. Dazu kam, dass sie beruflich häufig unterwegs war, weil ihre Kunden im gesamten Bundesgebiet verstreut lagen. Nur ins Allgäu hatte es sie bisher noch nicht verschlagen, was, wenn sie sich hier umsah, eigentlich sehr schade war.

Das fehlende Training machte sich schnell bemerkbar und Melissa ging die Puste aus. Mit ungelenken Schwimmzügen strebte sie dem Steg zu und hievte sich ächzend daran hoch. Sie trocknete sich mit dem mitgebrachten Hotelhandtuch ab, warf es lässig über die Schulter und schlüpfte dann in ihre knallroten Badeschlappen, um den Innenbereich zu erkunden.

Neugierig blickte sie hinter jede Tür. Sie entdeckte verschiedene Saunazonen und ein wunderschönes, in orientalischen Goldtönen gehaltenes Dampfbad, aber alle Räume waren leer. Kein Wunder, wer wollte bei dieser Hitze auch saunieren! Aus dem Hotelprospekt wusste Melissa, dass irgendwo auch noch ein Ruheraum mit Wasserbetten sein musste. Behaglich auf einer plätschernden Unterlage vor sich hin zu schlummern wäre jetzt genau nach ihrem Geschmack. Neben den Duschen stieß sie auf eine Tür mit der goldenen Aufschrift ORT DER STILLE. Gespannt zog sie sie auf.

Zunächst konnte sie in dem abgedunkelten Raum nicht viel erkennen, doch nachdem ihre Augen sich an das feucht-schummrige Dämmerlicht gewöhnt hatten, bemerkte sie zu ihrem Bedauern, dass auf einem der Wasserbetten jemand lag.

„So schnell sieht man sich wieder!“, sagte der Mann, verschränkte die Hände hinter dem Kopf und grinste anzüglich.

Auf der Stelle wollte Melissa den Raum wieder verlassen, denn es war der unverschämte Typ aus der Lobby!

„Komm ruhig rein, hier ist genug Platz für uns zwei!“, sagte er und besaß die Unverfrorenheit, einladend neben sich auf das Bett zu klopfen.

Melissa schnappte nach Luft. „Danke – aber nein danke!“, sagte sie bestimmt und machte auf dem Absatz kehrt, der in diesem Fall jedoch leider aus Gummi war und auf dem nassen Boden ein Geräusch machte, das wie ein gedehnter Furz klang.

Das schallende Lachen des schamlosen Kerls begleitete sie noch bis in den nächsten Stock hinauf. Gott, wie peinlich! Hoffentlich hatte er wenigstens realisiert, dass es nur ihre Badelatschen waren, die sie in Verlegenheit gebracht hatten! So ein eingebildeter Wichtigtuer.

Allerdings musste sie zugeben, dass er einen ziemlich ansprechenden Körperbau hatte …

Nach einer ausgiebigen Dusche steckte Melissa das noch feuchte Haar locker hoch und wählte für den Gang zum Abendessen ein apartes Kleid in farbigem Leoprint. Da sie von Natur aus einen dunklen Teint hatte, stand ihr das bunte Muster ausgesprochen gut. Eigentlich hatte sie überhaupt keine Lust, in den Speisesaal hinunterzugehen, wo sie unweigerlich erneut diesem unsäglichen Typen in die Arme laufen würde, aber sie hatte an diesem Tag noch kaum etwas gegessen. Zu ihrer eigenen Verwunderung verspürte sie tatsächlich einen Anflug von Hunger – ein Gefühl, das sie seit Monaten nicht mehr gehabt hatte. Melissa beschloss, das als gutes Zeichen zu werten.

Sie legte einen Hauch Rouge auf die Wangen, gab einen Klecks Rot auf die Lippen und stieg in die hochhackigen, schwarzen Römersandaletten. Dann war sie bereit, sich dem Unvermeidlichen zu stellen.

Das Menü kam einer kleinen Sensation gleich. Melissa schaffte es, alle fünf Gänge zu verdrücken und einer war köstlicher als der andere. Bis zum Ende des zweiten Gangs, einer kühlen Gurken-Melonen-Suppe mit frischen Wiesenkräutern, blieb sie innerlich angespannt, denn der unangenehme Fremde war noch nicht aufgekreuzt – zumindest hatte sie ihn in dem übervollen Saal nirgends entdecken können. Aber dann ließ sie sich von dem leisen Besteckklappern und den gedämpften Gesprächen der anderen Gäste wohlig einlullen und gab sich ganz den kulinarischen Genüssen hin.

Melissa wusste nicht zu sagen, wann sie zuletzt so gut gegessen hatte – und vor allem so lang! Zwar wurde sie hin und wieder in der Mittagspause von einem ihrer Kunden zum Essen eingeladen, aber meistens musste sie dabei geschäftliche Fragen beantworten, so dass sie ständig am Reden war und darüber kaum etwas in den Magen bekam. Zudem war sie stets in Hektik und immer schon auf dem Sprung zum nächsten Termin. Es versetzte sie seit jeher in Erstaunen, wie manche ihrer vorwiegend männlichen Geschäftspartner es fertigbrachten, ein dreigängiges Menü in weniger als dreißig Minuten zu verspeisen, während sie in derselben Zeit kaum einen Teller Salat schaffte.

Den absoluten Höhepunkt des Dinners bildete das Dessert. Der als Sommer-Nacht-Traum angekündigte letzte Gang erwies sich als gekonnte Variationen von Himbeeren und Schokolade. Melissa war pappsatt, um ein Haar hätte sie deshalb auf den Nachtisch verzichtet. Doch dann war der bildschön angerichtete Dessertteller auf der Hand eines Bediensteten an ihr vorbeigeschwebt und sie hatte einfach nicht widerstehen können.

Erfreut darüber, dem schamlosen Kerl nicht wieder begegnet zu sein, beschloss Melissa, ihren ersten Abend im Allgäu in Begleitung des Anti-Stress-Ratgebers ausklingen zu lassen. Sie hatte den Plan gefasst, jeweils am Vorabend das Kapitel für den Folgetag durchzulesen – als Vorbereitung auf das, was auf sie zukommen sollte. Auf diese Weise konnte sie entspannt in den neuen Tag starten und sich sofort in die Umsetzung stürzen und musste nicht die ersten, kostbaren Stunden am Morgen mit Lesen verschwenden.

Mit einem Glas Vitaminsaft und dem Selbsthilfe-Ratgeber bewaffnet, ging Melissa hinaus auf den

Balkon und machte es sich in einem Liegestuhl bequem. Momente lang versank sie andächtig in der vor ihr liegenden Landschaft. Direkt unter ihr befand sich der wunderschöne, parkartig angelegte Hotelgarten. Auf der linken Seite lag zog sich ein Waldstück dunkelgrün den Hang hinauf, auf der rechten lagen Kühe faul im Gras, deren Glocken mit jeder Bewegung leise bimmelten. Und im Zentrum der Postkartenidylle ruhte das Dorf, hinter dem sich anthrazitfarben der Hochgrat erhob. Der Anblick war so perfekt, dass man ihn einrahmen und unter dem Titel 'Sommerabend' verkaufen könnte.

Mit einem behaglichen Seufzer schlug sie das Buch auf, musste aber sogleich feststellen, dass dem eigentlichen Anti-Stress-Programm eine ziemlich umfangreiche Einführung vorausging. Damit hatte sie nicht gerechnet. Missmutig blätterte Melissa weiter, bis sie zum ersten Kapitel gelangte. Die Einleitung umfasste satte fünfundzwanzig Seiten! Zu blöd aber auch, dass sie nicht schon früher einen Blick in das Buch geworfen hatte! Diesen Teil hätte sie ja problemlos zu Hause hinter sich bringen können. Verärgert über ihre eigene mangelhafte Planung begann Melissa zu lesen.

Doch schon nach wenigen Sätzen war sie wieder versöhnt. Der Autor empfahl für die erfolgreiche Durchführung seines Programmes sieben Urlaubstage einzukalkulieren. Diese seien so einzurichten, dass der Leser von alltäglichen Belangen nicht behelligt wurde. Und um das sicherzustellen, schlug er vor, ein harmonisches Umfeld zu schaffen und im Idealfall einen Ortswechsel vorzunehmen.

Zufrieden blickte Melissa in die beschauliche,

ländliche Szenerie, hörte das leise Zirpen der Grillen und beobachtete, wie sich die Berggipfel im Lichte der untergehenden Sonne blassrosa zu färben begannen – die Rahmenbedingungen könnten besser gar nicht sein!

Im nächsten Abschnitt wurde sie angemahnt, unbedingt die Reihenfolge einzuhalten und sich auf keinen Fall mehr als ein Kapitel pro Tag vorzunehmen. Vorauslesen oder auch nur Weiterblättern war streng verboten! Das kam Melissa kindisch vor, aber die Erklärung, dass der Leser dadurch lernen sollte, immer nur einen Tag auf einmal zu leben und ganz im Hier und Jetzt zu bleiben, leuchtete ihr ein – was man vom nächsten Punkt dagegen nicht behaupten konnte!

Schalten Sie umgehend ihr Handy ab und lassen Sie es für die nächsten sieben Tage konsequent aus! So ein Blödsinn, kam ja gar nicht in Frage! Melissa schüttelte entschieden den Kopf und ging über zum nächsten Abschnitt: Kein Alkohol! Wie bitte?

Aus Protest ließ sie das Buch sinken. Die Bergkette erinnerte sie an ein Gebiss, das drohend mit den Zähnen bleckte. Sie trank wahrhaft nicht viel, höchstens mal ein Gläschen zum Einschlafen. Aber gerade jetzt, im Urlaub, sprach doch sicher nichts dagegen, sich hier und da einen Schluck Rotwein oder einen Aperitif zu gönnen. Diese Regel passte ihr ganz und gar nicht! Widerstrebend versuchte sie sich mit dem Gedanken anzufreunden, in der kommenden Woche trocken zu bleiben.

Weiter ging es mit gesunder Ernährung, die nach Möglichkeit frisch und regional sein sollte, was bei der hervorragenden Küche dieses Hauses, die nach exakt diesen Grundsätzen wirtschaftete, keinerlei Schwierigkeiten bereiten sollte.

Von einem Moment auf den anderen war die Sonne verschwunden und es wurde frisch. Da es zum Lesen ohnehin allmählich zu dunkel wurde, ging Melissa ins Zimmer, knipste die Nachttischleute an und legte sich auf das Bett. Gewissenhaft studierte sie die restlichen Hinweise, bis sie ganz am Ende des Kapitels auf ein PS. stieß. Es lautete: *Haben Sie schon Ihr Mobiltelefon ausgeschalten? Wenn nicht, dann tun Sie das bitte JETZT!*

Melissa fühlte sich ertappt. Zugleich war sie erstaunt, wie zutreffend der Autor seine Leser einzuschätzen wusste. Das sprach für eine gute Menschenkenntnis, die ihr fast schon ein wenig unheimlich war. Sie dachte mit Unbehagen daran, dass ihr nur eine Woche blieb, um wieder zu Kräften zu kommen. Wenn dieses Opfer dafür unumgänglich war, würde sie es eben bringen müssen!

Gedanklich ging sie alle möglichen und unmöglichen Eventualitäten durch, die eintreffen könnten. Im Grunde sollte es kein Problem darstellen, wenn sie für ein paar Tage telefonisch nicht erreichbar war. Jeden, der es wissen musste, hatte sie über die bevorstehende Reise informiert.

Thomas hatte den Urlaubsantrag, den sie per E-Mail eingereicht hatte, zwar noch nicht bestätigt, dennoch zweifelte Melissa keine Sekunde daran, dass er nichts dagegen einzuwenden haben konnte. Die meisten ihrer Kunden weilten zurzeit selbst im wohlverdienten Jahresurlaub, mit größeren Katastrophen war daher nicht zu rechnen. Auch ihrer Mutter hatte sie sicherheitshalber auf die Mailbox gesprochen, aber nachdem beim letzten Telefonat alles in schönster Ordnung war, sollten auch von dieser Seite keine Unannehmlichkeiten zu erwarten sein.

Schicksalsergeben nahm Melissa ihr Mobiltelefon aus der Handtasche und bemerkte, dass der Akku alle war. Das Abschalten konnte sie sich also sparen. Sie fasste in die Seitentasche, in der sie das Ladegerät verstaut hatte, aber was war das? Sie war leer! Verwirrt legte Melissa das Telefon beiseite und kramte in der geräumigen Tasche herum. Schließlich wurde es ihr zu dumm und sie kippte den gesamten Inhalt des überdimensionalen Beutels über dem Bett aus. Ein Sammelsurium an Gegenständen landete auf dem Laken, darunter eine kleine Box Sicherheitsnadeln, Mundspray, Ersatzstrumpfhose, USB-Stick, Erfrischungstücher, Haargummis ... – und der teure Lippenstift von Chanel, den sie schon seit geraumer Zeit vermisst hatte. Aber kein Ladegerät! Sollte sie das Ding tatsächlich zuhause liegengelassen haben? Das war dann wohl ein Zeichen.

Schnell stopfte sie die Sachen wieder zurück in die Beuteltasche und verstaute diese zuunterst im Kleiderschrank. Dann schlüpfte sie zurück unter die Bettdecke und machte es sich gemütlich. Aber kaum hatte sie damit begonnen, das erste Kapitel zu lesen, rutschte ihr auch schon das Buch aus der Hand. Melissa war eingeschlafen.

Lustlos lungerte Enrico auf der Hotelterrasse herum. Er setzte sein Bierglas an den Mund und merkte zu spät, dass es bereits leer war. Unwillig stellte er es wieder ab und richtete sein Augenmerk auf das

Pärchen zwei Tische weiter. Die Frau sagte etwas, ein langer Satz. Der Mann antwortete, ein kurzer Satz. Daraufhin schob sie schmollend die Unterlippe vor und er beeilte sich, ihr beruhigend die Hand auf den Arm zu legen.

Enrico seufzte. Ein klassischer Fall von Manipulation. Vermutlich waren die beiden jung verheiratet, er gab der Ehe keine fünf Jahre. Wenn überhaupt! Es sei denn, sie arrangierten sich und fanden, wie es häufig geschah, zu einer gefängnisgleichen Liaison, in der es für beide Seiten darum ging, die Beziehung zum eigenen Vorteil auszunutzen. Warum glaubten so viele Menschen, ihr Partner schulde ihnen etwas? Und vor allem – wofür? Als Ausgleich für die gemeinsamen Jahre? Als Lohn für erbrachte Leistung? Die Vorhersagbarkeit solcher Beziehungen langweilte ihn zu Tode, es war doch immer dasselbe! Seiner Beobachtung nach hörte jede Liebe an dem Punkt auf, an dem nicht länger das Geben Sinn des Zusammenseins war, sondern das Nehmen. Diese beiden jungen Leute mochten eine Ehe führen, vielleicht sogar lebenslang, wahrscheinlicher aber lebenslänglich. Liebe hingegen, echte, tiefe, hingebungsvolle Liebe, kannten sie vermutlich nicht.

Wie zur Bestätigung leuchtete das Gesicht der Frau auf und sie schenkte dem armen Kerl an ihrer Seite ein aufgesetztes Lächeln. Enrico nickte grimmig, das war, was er vorhergesehen hatte. Sie verstand sich darauf, geschickt ihren Willen durchzusetzen und hielt die Fäden, an denen er hing, fest in der Hand. Wenn ihr danach war, zog sie daran und ließ ihn tanzen wie eine Marionette. Was für ein bedauernswerter Trottel, dachte Enrico und wandte sich ab.

Eigentlich wartete er auf Basti, sie wollten den Tag mit einem kleinen Absacker ausklingen lassen, wie sie es häufig taten, wenn Enrico im Lande war. Die ersten beiden Wochen seines Allgäu-Sommers waren bereits vorbei. Die Zeit verging wie im Flug, trotzdem begann sich eine gewisse Langeweile einzustellen. Enrico kam zweimal im Jahr für mehrere Wochen hierher, er kannte die Region wie seine Westentasche. Das Hofgut war so etwas wie seine zweite Heimat geworden. Hier konnte er abschalten, seine Batterien wieder aufladen und neue Projekte entwickeln. Diese Auszeiten, in denen er tun und lassen konnte, was er wollte, brauchte er so dringend wie die Luft zum Atmen. Vielleicht, weil der Rest seines Lebens von Reisen, Termindruck und Verpflichtungen geprägt war.

Früher hatte er Erholung an außergewöhnlichen Orten gesucht, war auf ferne Inseln und in entlegene Länder gereist. Aber weder vertrug er das tropische Klima, noch fand er Gefallen daran, den ganzen Tag platt und müde am Strand herumzuliegen. Entweder war ihm zu wenig los gewesen oder zu viel, aber nie hatten die Urlaubswochen das bewirkt, was sie hätten bewirken sollen: Entspannung und Regeneration.

Sein letzter Fern-Trip hatte ihn nach Vietnam geführt, ein faszinierendes Land von unglaublicher Schönheit. Die strapaziöse Rückreise, die sich dank streikender Fluglotsen und einer Unwetterwarnung auf sagenhafte 36 Stunden ausgedehnt hatte, würde ihm ewig unvergessen bleiben. Danach war er schon wieder urlaubsreif gewesen.

Doch dann war überraschend Onkel Herbert

gestorben. Fünf Jahre lag der Vorfall jetzt zurück. Wenn Gudrun die Seele des Hofguts war, dann war Herbert das Herz gewesen. Schon in jungen Jahren hatte er das Hotel mitsamt dem weitläufigen Grundstück von seinem Vater übernommen und zusammen mit seiner Frau zu dem gemacht, was es heute war: Ein Luxus-Resort der Spitzenklasse und ein Ort, an dem sich jeder Gast vom ersten Moment an wie zu Hause fühlen konnte. Ursprünglich war Enrico damals nur zur Beerdigung angereist, aber die Familie hatte ihn mit offenen Armen empfangen und so war er auf Wochen hängen geblieben.

Enricos Blick durchbohrte die Dunkelheit, die in dieser Gegend gefährlich schnell hereinbrechen konnte, und blieb an der illuminierten Hochgratbahn hängen. Sie erinnerte ihn immer an die Lichterkette eines Tanzlokals.

Der Unfall war mitten in der Hauptsaison passiert. Tante Gudrun hatte ihn in der kleinen Kammer unter dem Giebel unterbringen müssen, weil alle anderen Zimmer belegt waren. Dort war es heiß und stickig, aber in der Früh beim Aufwachen hatte er den Kuckuck rufen gehört und von seinem Ausguck aus konnte er mit bloßem Auge die Rehe beobachten, die sich vom Waldrand bis hinunter zum Küchengarten vorwagten, wo sie im Morgengrauen Kräuter und Salat stibitzen. Enrico hatte nie ganz nachvollziehen können, weshalb – aber bei diesem Anblick war ihm das Herz übergelaufen und er hatte von diesem idyllischen Ort nie wieder fortwollen. Da es ihm jedoch aus den vielfältigsten Gründen nicht möglich war, dauerhaft im Allgäu zu leben, kam er seitdem regelmäßig wieder.

„Rico, was nimmst du?“, schreckte Basti seinen Cousin auf.

„Bring mir noch ein Bier“, bat Enrico.

Basti grinste, nickte und verschwand im Innern des Hotels.

Behaglich streckte Enrico die Beine von sich, faltete die Hände über dem Bauch und dachte voller Dankbarkeit, wie unverschämt gut er es doch hatte. Mit größtem Bedauern wurde ihm bewusst, dass die erste Hälfte seines Aufenthalts bereits hinter ihm lag. Er hatte noch das eine oder andere schöne Plätzchen im Kopf, das er aufsuchen wollte, aber irgendwie konnte er sich nicht richtig dazu aufraffen. Enrico kannte auch den Grund dafür: Es fehlte ihm an Gesellschaft. Tante Gudrun und Basti hatten mit dem Hotel alle Hände voll zu tun, da blieb wenig Zeit für ihn. Aber Enrico war ein offener, kontaktfreudiger Mensch, der es spannend fand, die anderen Gäste kennenzulernen und ihre Lebensgeschichten zu hören. Leider war das lustige Paar aus Holland, mit dem er vorige Woche seine Lieblingsroute, den Grat der Nagefluhkette, gegangen war, gestern schon wieder abgereist. Und bei den Neuankömmlingen handelte es sich durchwegs um ältere Semester – bestimmt alles ganz reizende Leute, aber nicht seine Kragenweite. Mit einer bemerkenswerten Ausnahme: Die dunkelhaarige Schönheit mit dem abweisenden Blick. Die hatte es ihm angetan.

Zwar verfügte er berufsbedingt über genügend Menschenkenntnis, um zu wissen, dass diese Frau mit einer weinenden Seele und einem gebrochenen Herzen angereist war, aber auf unbestimmte Weise reizte ihn das. Sie hatte die typische, verschlossene

Miene einer Frau, die andere auf Distanz hielt, um selbst nicht verletzt zu werden – und zugleich unsäglich darunter litt, weil sie sich nach nichts so sehr sehnte wie nach Nähe. Menschen wie ihr konnte geholfen werden und Enrico gedachte, genau das zu tun. Wenn sie ihn denn ließ! Wenn nicht, würde er eben ein wenig nachhelfen müssen.

Ein Lächeln umspielte seine Lippen. Das versprach interessant zu werden, die Sache hatte nur einen kleinen Haken: Die schöne Fremde gefiel ihm wirklich und er würde höllisch aufpassen müssen, dass er nicht sein Herz an sie verlor …

„Und?" Basti stellte zwei kühle Bier auf dem Tisch ab und setzte sich zu ihm. „Was hast du morgen vor?" Er griff nach seinem Glas und stieß mit Enrico an.

„Nichts Besonderes, wieso?", entgegnete der und nahm einen kräftigen Schluck.

„Kann ich dich vielleicht dazu überreden, mit mir in den Klettergarten zu kommen?"

Enrico lachte, halb amüsiert, halb beeindruckt. Der Junge gab wohl niemals auf. „Du weißt genau, dass das nichts für mich ist. Ich kraxel lieber in der Wildnis herum als in so einer künstlichen Anlage."

„Wie kannst du das wissen, wenn du es noch nie ausprobiert hast?", konterte Basti geschickt.

Enrico sagte nichts, lächelte aber überlegen vor sich hin.

„… oder hast du etwa schon was Besseres vor?", fragte Basti hintersinnig und kniff die Augen zusammen.

Enrico trank einen Schluck, dann sagte er: „Könnt schon sein, Kumpel, könnt schon sein!"

Mehr war aus ihm nicht herauszubekommen.

Ab ins Grüne!

Ohrenbetäubendes Vogelgezwitscher riss Melissa aus dem Schlaf. Sie brauchte einen Moment, ehe ihr wieder einfiel, wo sie sich befand. Aber wie kam es, dass sie kein Nachthemd trug, sondern komplett angezogen war?

Bestürzt schlug sie die Bettdecke zurück, da fiel der Anti-Stress-Ratgeber zu Boden. Oh weh, sie musste mitten im Lesen eingeschlafen sein! Melissa beugte sich nach vorn, hob das Buch auf und blätterte bis zu der letzten Stelle, an die sie sich noch erinnern konnte. Das erste Kapitel hatte sie dann wohl nicht mehr ganz geschafft. Sie warf einen Blick zum Fernseher, die digitale Uhr zeigte erst halbsechs an. Trotzdem war die letzte Nacht ihre längste seit Monaten gewesen – und das ganz ohne pharmazeutische Helferlein! Ob das der viel gerühmten, guten Bergluft zu verdanken war?

Wie auch immer, dies war der erste Tag ihres neuen, zutiefst entspannten und stressfreien Lebens. Entschlossen trank Melissa einen Schluck Wasser, schüttelte das Kissen auf und setzte sich ins Bett, um noch vor dem Frühstück das erste Kapitel zu lesen. Aber schon die Überschrift ließ sie enttäuscht innhalten. *Ab ins Grüne?* Wie, nur ein Spaziergang? Mehr nicht? Sollte das für heute etwa alles sein?

Nach der Lektüre hatte sich Melissa gesputet, um möglichst früh am Frühstücksbuffet zu erscheinen, denn sie war davon ausgegangen, es um diese Zeit für sich allein zu haben. Doch weit gefehlt! Es hatten sich bereits jede Menge Frühaufsteher eingefunden, deren munteres Geschnatter den Saal erfüllte. Dem Outfit nach zu urteilen, stand bei den meisten von ihnen heute eine Wanderung auf dem Programm. Damit, dass sie im Frühstücksraum mehr Gesellschaft hatte, als ihr lieb war, konnte sich Melissa gerade noch abfinden. Aber musste ihr gleich als erstes dieser eingebildete Fatzke über den Weg laufen?

Enrico stand mit dem Rücken zu ihr an der Kochstation des warmen Büffets und ließ sich Eier mit Speck braten. Augenscheinlich wartete er darauf, dass sie fertig wurden.

Hervorragend, dachte Melissa, da kommen wir uns schon nicht in die Quere! Denn aus dem schlauen Buch wusste sie, dass Spiegeleier als Morgenmahlzeit viel zu reichhaltig waren und damit für den Körper puren Stress darstellten. Das wollte sie sich nicht antun, sie bevorzugte ein leichtes Frühstück. Beherzt füllte Melissa sich einen Teller mit Honigmelone, Himbeeren, Birnen und Ananas und streute ein paar Kerne darüber. Da lief ihr schon beim bloßen Hinsehen das Wasser im Munde zusammen. Zu Hause wäre ihr die Schnippelei viel zu viel Aufwand, aber hier, wo sie die Früchte in mundgerechten Stücken geliefert bekam, hatte sie richtig Appetit darauf. Sie begab sich an ihren Tisch, wo schon eine Servicekraft auf sie wartete.

„Möchtest du Kaffee?“, fragte das junge Mädchen im züchtigen Dirndl.

Melissa wollte schon nicken, da fiel ihr wieder ein, dass Kaffee für diese Woche ja leider auf dem Index stand. Schweren Herzens musste sie das verlockende Angebot dankend ablehnen und bestellte stattdessen ein Kännchen Grüntee, das ihr umgehend serviert wurde. Auf Kaffee verzichten zu müssen, würde von allem vielleicht das Schwerste werden. Wie lautete noch gleich das Motto des heutigen Tages? Ab ins Grüne? Na, das passte doch! Melissa musste grinsen. Sie probierte einen Schluck, der Tee schmeckte ungewohnt, aber gar nicht mal schlecht.

„Einen wunderschönen guten Morgen!“

Mit einem übervollen Teller Bauchspeck mit Eiern lief der Fatzke grinsend an ihrem Tisch vorbei. Gott sei Dank war sein Platz so positioniert, dass er nicht in ihrem Blickfeld saß, sein Anblick hätte ihr womöglich den Appetit verschlagen. Melissa hatte den Mund voll, daher begnügte sie sich mit einem flüchtigen Nicken, was ihrer Meinung nach völlig ausreichte, denn einer wie der würde doch jedes Wort als Aufforderung auslegen, sich zu ihr zu setzen.

Während sie genüsslich ihr Obst verzehrte, dachte Melissa über die Tagesaufgabe nach. Sie sollte einige Zeit in möglichst unberührter Natur verbringen, weil das urwüchsige Grün angeblich eine beruhigende Wirkung auf das zentrale Nervensystem hatte. Leider waren die Anweisungen äußerst vage geblieben. Wie grün das Grün sein musste, stand zum Beispiel nicht dabei. Und auch nicht, wie lange sie dort verweilen musste, ehe sich der erwünschte Effekt einstellte.

Melissa nahm sich vor, ein Stündchen gemütlich spazieren zu gehen, um bis zur Mittagsjause wieder zurück zu sein. Der Wetterbericht der Hotelzeitung kündigte einen weiteren heißen Tag an, daher würde sie den Vormittag dafür nutzen, das nahegelegene Wäldchen aufzusuchen, und den Nachmittag faul am Pool liegend verbringen. Soweit die Theorie.

Das Hofgut Helwig lag nur einen Steinwurf vom Waldrand entfernt, daher war Melissa zuversichtlich, die Tagesaufgabe schnell hinter sich gebracht zu haben. Sie verspürte herzlich wenig Lust, dem Ruf der Allgäuer Wildnis zu folgen – zu lebhaft standen ihr noch die ungeliebten Schulwandertage vor Augen, bei denen schlechtgelaunte Schüler im strömenden Regen einem übermotivierten Lehrkörper hinterher getrottet waren, der alle Nase lang anhielt, um auf seltene Pflanzen oder geologische Besonderheiten aufmerksam zu machen. Melissa, die sich weder für das eine noch für das andere interessiert hatte, war stets froh gewesen, anderntags wieder die Schulbank drücken zu dürfen.

Die unangenehmen Erinnerungen verfolgten sie selbst dann noch, als sie mit gelben Shorts und einem weißem Achselshirt bekleidet am Schwimmteich vorbeiging, in dem einige Hotelgäste mit sichtlichem Vergnügen plantschten. Das hätte sie jetzt auch lieber getan.

Einem Trampelpfad folgend, überquerte sie die Wiese und gelangte zu dem mit Hackschnitzel bestreuten Weg, der sie, begleitet vom leisen Plätschern eines Baches, am Waldrand entlang hangaufwärts führen sollte. Schon jetzt am Vormittag war es ziemlich warm, dennoch kam ihr die Luft ungewöhnlich klar und würzig vor. Es roch nach einer Mischung aus Heu und Harz.

Nach wenigen hundert Metern erreichte Melissa eine aus groben Baumstämmen gezimmerte Hollywoodschaukel und widerstand nur knapp der Versuchung, ihren Trip ins Grüne abzukürzen und sich darauf niederzulassen. Aber noch befand sie sich auf dem gepflegten Hotelgrund, die Aufgabe lautete jedoch, urwüchsige, unberührte Natur aufzusuchen. Gleich hinter der Schaukel müssten eigentlich die Treppenstufen beginnen, über die sie auf die Viehweide gelangen sollte. Ohne Schwierigkeiten fand sie zuerst die Treppe, dann die Weide, auf der tatsächlich ein paar Milchkühe gelangweilt im Gras herumlagen. Wahrscheinlich war es denen auch zu warm.

Mit respektvollem Abstand umrundete Melissa weiträumig das liebe Vieh und tauchte bald darauf in die Kühle des Waldes ein. Bis jetzt war alles nach Plan gelaufen. Zufrieden klopfte sie auf ihre rechte, hintere Hosentasche, in der die Umgebungskarte steckte, die Kati ihr zusammen mit den Empfangsunterlagen ausgehändigt hatte. Darauf war rot eine Route eingezeichnet, die der Beschreibung nach über einen abwechslungsreichen Waldpfad am obersten Rand des Resorts entlang führen sollte, bis sie auf der anderen Seite unweit des Golfplatzes wieder herauskam. Von dort aus war es dann nur noch ein Katzensprung zurück zum Hofgut.

Doch leider erwies sich der erhoffte, romantische Pfad als gut ausgebauter Forstweg. Eine zweite Enttäuschung folgte auf dem Fuße, denn Melissa war alles andere als allein. Das gleichmäßige Klackern von Walkingstöcken durchriss die Stille des Waldes und kündigte eine Gruppe schwatzender, schwitzender Frauen an, die zackig um die Kurve gebogen kam. Irritiert blieb Melissa stehen und wartete, bis die lärmende Gesellschaft wie ein Faschingsumzug an ihr vorbeigezogen war. Ihr war nicht bewusst gewesen, dass diese Stöcke solch einen Krach verursachten. Es wunderte sie, dass die Dinger im Wald überhaupt erlaubt waren, da wurden doch sämtliche Tiere verschreckt! Obwohl die Frauen zügig weitergingen und für die Schönheit der sie umgebenden Natur keinen Blick übrig hatte, begleitete Melissa noch lange das metallische Geräusch der Stöcke.

Von nun an führte der Weg immer steiler bergauf, was auf dem Plan so nicht ersichtlich gewesen war. Und auch an die Kreuzung, an die sie kurz darauf gelangte, konnte Melissa sich nicht erinnern. Also blieb sie stehen, verschnaufte ein wenig und zerrte den Faltplan aus ihrer Gesäßtasche. Eine laute Männerstimme schreckte sie aus ihren Gedanken.

„Vorsicht! Auf'd Seitn!"

Melissa sah auf und konnte sich gerade noch mit einem beherzten Sprung zur Seite in Sicherheit bringen, ehe ein Pulk Mountainbiker mit Karacho an ihr vorbeiraste, dass der Kies in alle Richtungen spritzte. Von wegen: Auf dem Berg da gibt`s kei Sünd! Diese Rowdys waren ja gemeingefährlich, die gehörten auf der Stelle aus dem Verkehr gezogen! Irgendwie hatte sie sich ihren Spaziergang beschaulicher vorgestellt.

Intensiv studierte Melissa den Geländeplan, konnte auf der stark abstrahierten Karte jedoch keine Kreuzung ausmachen. Einem inneren Impuls folgend bog sie nach links ab, wo es zu allem Überfluss schon nach wenigen Metern erneut stramm bergauf ging. Tapfer setzte sie einen Fuß vor den anderen und ignorierte das Brennen an ihren Fersen. Der Pfad wurde schmaler und zog sich in Schlangenlinien den Hang hinauf. Seltsam, irgendwann müsste es doch auch mal wieder bergab gehen, oder etwa nicht?

Sie war schon über eine Stunde unterwegs, als Melissa am Ende ihres Weges angelangte, und das wortwörtlich. Der Pfad endete mitten im Gelände wie in einer Sackgasse.

„Das gibt`s doch nicht!“, rief sie entsetzt aus und sah sich nach allen Seiten um.

Zumindest konnte sie mit Fug und Recht für sich in Anspruch nehmen, die Tagesaufgabe mehr als erfüllt zu haben, denn wohin sie auch blickte, war nichts als Bäume und dichtes Gestrüpp. Melissa sah sich gezwungen, umzukehren. Aber so schnell war sie nicht bereit aufzugeben. Abermals studierte sie den Plan, doch mit der gerade verlaufenden, roten Linie konnte unmöglich der Weg gemeint sein, auf dem sie sich augenblicklich befand. Dafür entdeckte sie jedoch einen weiteren Wanderpfad, der – wenn ihr Orientierungssinn sie nicht völlig im Stich gelassen hatte – nicht weit von ihrem Standort entfernt in östlicher Richtung liegen müsste. Ob sie es wagen sollte?

Schon allein bei dem Gedanken, sämtliche Kurven und Kehren wieder zurücklaufen zu müssen, drohten ihr die Beine zu versagen. Dabei hatte der Arzt ausdrücklich jede Anstrengung untersagt! Melissa beschloss, es darauf ankommen zu lassen. Zielstrebig hielt sie auf die Büsche zu, die sich als gemeine Brombeerranken entpuppten. Unmittelbar dahinter aber war dunkelgrüner, bemooster Waldboden zu erkennen. Unbeirrt biss sie die Zähne zusammen und schlug sich ins Gestrüpp. Sie bemühte sich, bei jedem Schritt die langen, stacheligen Ranken unter ihre Sohlen zu bringen, was nur bedingt gelang. Immerhin schaffte sie es auf diese Weise das Unterholz zu durchqueren, riss sich dabei aber schmerzhaft die Haut auf, so dass ihr das Blut an den Beinen hinunterlief. Aber der federweiche Waldboden dahinter entschädigte sie für die erlittenen Qualen und verlieh ihr neuen Schwung.

Stur lief Melissa in die Richtung weiter, in der sie glaubte, früher oder später auf den Parallelweg treffen zu müssen. Doch es tauchte kein Weg auf. Stattdessen schien der Wald immer dichter und dunkler zu werden. Erschwerend kam hinzu, dass sie schrecklich durstig war. Da sie nicht vorgehabt hatte, länger als eine Stunde wegzubleiben, hatte sie auch nicht daran gedacht, einen Wasservorrat mitzunehmen. Und ihr Handy hatte sie selbstredend im Hotelzimmer liegen lassen, denn es zu nutzen war ihr derzeit ja strengstens untersagt! Schönen Dank auch! Sie bedachte Erik Edelmann, dem sie das unfreiwillige Survivaltraining verdankte, mit allerlei Verwünschungen und marschierte weiter durch den Forst, bis es nicht mehr weiter ging.

Wie angewurzelt blieb Melissa stehen. Vor ihr tat sich urplötzlich ein Abgrund auf. Fast senkrecht fiel das Gelände hinab in eine Schlucht, an deren Boden ein spärliches Rinnsal zu erkennen war. Die lange Hitzeperiode hatte den Bach ausgetrocknet. Den Tränen nahe ließ Melissa sich auf einen Baumstumpf sinken. Das durfte doch alles nicht wahr sein! Was sollte sie denn jetzt machen?

Zurückgehen konnte sie auf keinen Fall, zumal sie gar nicht mehr sicher sagen könnte, von wo sie gekommen war. Der Wald um sie herum sah überall gleich aus! Aber Moment mal, war dieser Bachlauf nicht vielleicht auf der Karte eingezeichnet?

Abermals zog sie das Stück Papier heraus, das inzwischen reichlich zerfleddert war. Und richtig, darauf befanden sich mehrere hellblaue Linien. Aber welche davon war das Bächlein zu ihren Füßen? Egal, sie hatte keine andere Wahl.

Melissa steckte die Karte wieder ein und machte sich an den Abstieg. Zum Glück war der Hang von zahlreichen Wurzeln durchzogen, an denen sie sich festhalten konnte, denn ihre Turnschuhe fanden an der rutschigen Wand aus trockener Erde und losem Gestein keinen Halt. Meter für Meter kämpfte sie sich vorwärts, bis sie den tiefsten Punkt erreicht hatte. Jetzt musste sie nur noch dem Bachlauf folgen, der ja irgendwo wieder herauskommen musste. Hoffentlich!

Es war kein besonders ausgeklügelter Plan, aber er ging auf. Mithilfe des Bachs fand Melissa tatsächlich aus dem Wald heraus. Orientierungssuchend sah sie sich um und entdeckte in einiger Entfernung eine Viehtränke mit fließendem Wasser. Augenblicklich wurde ihr Durst übermächtig und sie stieß alle Bedenken beiseite, was die Qualität der Quelle anbelangte. Wie ein Wüstenwanderer auf die Oase lief sie auf die Tränke zu, beugte sich über das aus einem Baumstamm gehauene Becken und labte sich an dem kühlen Nass. Beinahe schien es ihr, nie köstlicheres Wasser getrunken zu haben.

Da fühlte sie eine Hand auf ihrem Hinterteil. Erbost fuhr Melissa herum und erschrak. Auge in Auge sah sie sich einer Kuh gegenüber, die riesengroß war – auf alle Fälle aber größer als jede Kuh, die sie je zuvor gesehen hatte. Die Riesenkuh muhte böse, dann senkte sie den Kopf und kam noch einen Schritt näher. Vielleicht war sie sauer, weil sich jemand ungefragt an ihrem Wasser bedient hatte?

„Ist ja gut, ich bin ja schon weg!“, redete Melissa beruhigend auf das Vieh ein.

Doch die Kuh blieb davon unbeeindruckt. Die Hörner voraus, ging sie langsam auf Melissa zu, die im gleichen Tempo zurückwich, bis sie unter ihrem rechten Schuh etwas Warmes, Weiches spürte. Sie sah an sich hinunter und stieß einen spitzen Schrei aus. „Igitt! So eine Scheiße!“

Melissa stand in einem frischen, fetten Kuhfladen! Das einzig positive daran war, dass ihr Schrei die Kuh verschreckt haben musste, denn die hatte plötzlich kehrtgemacht und war davongerannt. Angeekelt begab sich Melissa zurück zur Tränke, wo sie sich notdürftig die Füße wusch und ihre Schuhe säuberte. Dann überquerte sie die Viehweide, während sie den Kühen drohend zurief, es ja nicht zu wagen, näherzukommen. Offenbar war ihre Stimme energisch genug, jedenfalls glotzten die Rindviecher nur dumm in die Pampa, blieben aber wo sie waren.

Als kurze Zeit später in der Ferne das Hofgut auftauchte, hätte Melissa vor Freude und Erleichterung jubeln mögen, doch dazu fühlte sie sich zu schwach. Sie zitterte am ganzen schmutzigen und zerkratzten Leib. Das kommt davon, dachte sie. Warum war sie auch nicht im sicheren Park geblieben?

Es war ihr zu peinlich, in ihrem Zustand durch die exklusive Hotellobby zu marschieren, daher nahm Melissa den Weg über den Parkplatz. Sie hoffte, durch den Lieferanteneingang unauffällig ins Haus schlüpfen zu können. Mit einem schnellen Blick zum

Haupteingang versicherte sie sich, dass die Luft rein war. Nanu, was war denn das? Prominenter Besuch in Oberstaufen? Vor dem Hotel stand eine wuchtige, schwarze Limousine, eine von der Sorte, wie sie der Schah von Persien fahren musste. Oder ein berühmter Hollywoodstar.

Melissa duckte sich hinter einen SUV mit getönten Scheiben und behielt neugierig den Eingangsbereich im Auge. Minutenlang passierte gar nichts, dann aber sah sie, wie drei geschäftig wirkende Männer eilig das Hotel verließen. Mit ihren dunklen Anzügen und den verspiegelten Sonnenbrillen wollten sie so gar nicht in die ländliche Gegend passen. Wie Hollywood-Größen sahen sie allerdings auch nicht aus.

Die Fahrertür flog auf und ein klein gewachsener Mann in hellgrauer Uniform sprang heraus. Er wuselte um die Limousine herum und riss diensteifrig die Tür zum Fonds auf. Aber noch ehe die drei 'Men in Black' einsteigen konnten, kam ein junger Mann in kurzer Lederhose aus dem Hotel gelaufen.

„Sie haben gehört, was meine Mutter gesagt hat! Unterstehen Sie sich also, noch einmal hier aufzukreuzen!“, brüllte er die drei Männer an, die darauf keine Reaktion zeigten, sondern die Wagentüren zuschlugen.

Es sah verdächtig nach Schutzgelderpressung aus. Aber die Mafia? Im Allgäu? Irgendwie konnte Melissa sich das beim besten Willen nicht vorstellen.

Lautlos rollte die Limousine vom Gelände. Der aufgeregte, junge Mann, dessen Gesicht unter dem zerzausten, blonden Haar puterrot angelaufen war, reckte drohend die Faust in die Luft. Erst als der Wagen außer Sichtweite war, ließ er seine Hand sinken und sackte förmlich in sich zusammen. Mit der Haltung eines geprügelten Hundes schlich er zurück ins Hotel.

Ungeachtet ihres wenig ansprechenden Äußeren lief Melissa ihm nach, aber als sie in die Hotellobby kam, war die wie ausgestorben. Nicht einmal die Rezeption war besetzt, das hatte es bislang noch nicht gegeben. Nachdenklich stieg sie die Treppen hinauf.

Das ungeplante Waldabenteuer hatte mächtig an ihren Kräften gezehrt, Melissa war fix und fertig. Am liebsten hätte sie sich für ein paar Stündchen hingelegt, aber zuvor musste sie aus den verschwitzten Klamotten raus. Sie schüttete einen Liter Mineralwasser in sich hinein, sprang unter die Dusche und cremte danach ihre malträtierten Beine mit einer Pflegelotion ein. Langsam kehrten die Lebensgeister zurück und sie begann sich wieder wie ein Mensch zu fühlen. Während Melissa das senfgelbe Blusenkleid zuknöpfte, warf sie einen Blick über die Balkonbrüstung. Sie hatte Glück. Unter einem alten Apfelbaum stand einsam eine Sonnenliege, die sie einladend anlachte. Erfreut packte Melissa ihre Badetasche, steckte das Buch und einen Apfel hinein und ging in den Park hinunter, um sich das lauschige Plätzchen im Halbschatten zu sichern.

Wohlig ließ sie sich auf der Liege nieder und genoss Momente lang den herrlichen Ausblick. Dabei stellte Melissa überrascht fest, dass ihr Atem ruhiger wurde und sie ein Gefühl tiefen Friedens verspürte. Mit einem Mal schienen alle Probleme weit, weit weg. Es war der viel besungene Bergfrieden, der sie erfasst hatte und den sie bislang nur für eine Erfindung cleverer Marketingstrategen gehalten hatte. Aber allem Anschein nach gab es ihn wirklich! Mit einem zufriedenen Seufzer sank sie zurück und griff nach dem Buch, um sich mit der Aufgabenstellung für den nächsten Tag vertraut zu machen. Zuvor sollte sie jedoch mithilfe eines Fragebogens ein Fazit ziehen.

Ja, sie hatte die Aufgabe erfüllt oder hatte es zumindest redlich versucht. Aber wie sie es auch drehte und wendete, es blieb unlogisch. Denn obwohl ihr Ausflug ins Grüne alles andere als erholsam gewesen war, fühlte sie sich dennoch entspannter als zuvor. Die Schürfwunden an ihren Beinen brannten kaum noch, einzig ihr Magen machte ihr mal wieder zu schaffen, aber das war ja nichts Neues. Gespannt, was sie als nächstes erwarten würde, vertiefte Melissa sich in das neue Kapitel.

Eine halbe Stunde später war sie schlauer – und hatte auch schon eine glänzende Idee, wie sie das Geforderte umsetzen würde. Kurzentschlossen klappte sie das Buch zu, sprang von der Liege und sprintete barfuß zur Rezeption.

Kati sah erstaunt auf, als sie Melissa auf bloßen Füßen im Laufschritt über den dicken Teppich herbeieilen sah. „Ja, wo brennt`s denn?“, fragte sie freundlich.

„Kann ich bei dir eine Golfstunde buchen?“, fragte Melissa hechelnd, sie war völlig außer Atem.

„Aber sicher“, entgegnete Kati und rief mit ein paar Mausklicken den Kalender auf. „Wann würde es dir denn passen?“

„Morgen, am besten vormittags!“

„Morgen … Mal sehen.“ Bedauern legte sich über Katis Gesicht. „Tut mir leid, aber da ist schon alles ausgebucht. Wie wäre es mit Übermorgen? Da hätte ich um halbelf noch einen Termin frei.“

So ein Pech aber auch. „Und da kann man wirklich gar nichts machen?“

„Naja“, gab Kati zögerlich zurück. „Wenn dir zeitiges Aufstehen nichts ausmacht, könnte ich dich höchstens gleich in der Früh eintragen.“ Sie blickte auf. „Halbacht?“ Zweifelnd sah sie Melissa an, doch die nickte entschieden. „In Ordnung, wie du meinst“, sagte Kati und druckte ihr eine Bestätigung aus.

Da trat jemand neben ihr an den Tresen. Es war der blonde, junge Mann, der vorhin der Limousine nachgerufen hatte. Er wechselte mit Kati einen vertrauten Blick, worauf sie ihn fragte: „Wer war das? Geschäftspartner von Gudrun?“

Aufmerksam beobachtete Melissa die beiden. Kati wirkte auf einmal ängstlich.

Der Blonde nickte, machte aber dazu eine abwägende Handbewegung. „Wir sehn uns später“, sagte er, nahm einen Schlüssel aus der Schublade und ging.

„Netter Kerl“, bemerkte Melissa und riet ins Blaue hinein: „Dein Freund?“

Katis Gesicht strahlte auf vor Stolz. „Ja, das ist der Basti, der Sohn von der Chefin!“

„Oha, dann ist der junge Mann wohl auch noch eine gute Partie?“, sagte Melissa augenzwinkernd und grinste Kati wissend an.

Die wurde knallrot. „Naja, das kann man so nun auch wieder nicht sagen. Er wird das Hotel jedenfalls bestimmt nicht übernehmen und wenn nicht bald ein

Wunder geschieht …“

Den Rest ihrer düsteren Prognose sollte Melissa nicht mehr erfahren, denn in diesem Augenblick trat ein älteres Ehepaar an den Counter, das nach dem Zimmerschlüssel verlangte. Mit einem entschuldigenden Schulterzucken in Melissas Richtung wandte Kati sich den beiden Herrschaften zu.

Auf dem Weg zurück zu ihrem Liegeplätzchen überlegte Melissa, was es mit dieser Andeutung auf sich haben mochte. Steckte das Hofgut in finanziellen Schwierigkeiten? Es war verlockend, dieser Frage nachzugehen, denn von Berufs wegen hatte Melissa natürlich Mittel und Wege, das herausfinden zu können. Aber selbst wenn dem so wäre – was sollte sie mit dieser Information anfangen? Schließlich war sie hier, um sich zu erholen. Und genau das gedachte sie jetzt auch zu tun. Und zwar mit aller Kraft!

Komm in Bewegung!

Vielleicht war es ein wenig zu optimistisch gewesen, für halbacht Uhr morgens eine Golfstunde zu buchen. Zwar saß Melissa für gewöhnlich um diese Zeit längst an ihrem Arbeitsplatz, aber ausgerechnet heute war ihr so gar nicht nach Aufstehen zumute. Der Radiowecker begann schon zum zweiten Mal mit seinem Gedudel und allein die Tatsache, dass ein nerviger Werbeblock lief, brachte Melissa auf die Beine. Sie schaltete das lärmende Ding ab, zog die schweren Vorhänge auf und öffnete die Balkontür. Frische, kühle Morgenluft strömte herein und erfüllte den Raum mit dem Duft nach Sommer. Mit allen Sinnen sog Melissa den Zauber des Morgens in sich auf. Der Anblick der erwachenden Natur war nicht weniger als anbetungswürdig und ließ sie beinahe auf die Knie fallen.

In einem Meer aus blassblauem Nebeldunst thronte der breite Bergrücken des Hochgrats. Die Sonne blinzelte hinter flauschigen, weißen Wattewölkchen hervor und brachte den Tau auf den Wiesen zum Funkeln. Über Nacht hatte am Rande des Balkons eine dicke, schwarze Spinne ihr Netz gewoben. Obwohl Melissa sich eigentlich vor Spinnen fürchtete, konnte sie nicht anders, als fasziniert hinzusehen. Die Fäden glitzerten feucht, als wären sie aus reinem Lurexgarn gesponnen. Plötzlich nahm sie aus dem Augenwinkel heraus eine Bewegung war.

Melissa sah auf und schlug verzückt die Hände vor den Mund. Am Waldesrand äste friedlich ein Rudel Rehe, darunter einige scheue Jungtiere. Eines davon hob jetzt sein hübsches Köpfchen, es schien sie geradewegs mit den großen Knopfaugen anzusehen. Wäre dies eine Szene in einem Heimatfilm – sie würde einen Kitschkoller kriegen und genervt den Kanal wechseln. Aber das hier, das war echt! Natur pur! Andächtig sank Melissa in den Liegestuhl und blieb für einige Minuten reglos sitzen, bis ihr wieder einfiel, dass sie ja schon gleich eine Verabredung hatte!

Fünf Minuten früher als vereinbart stand Melissa auf der Abschlagsmatte und sah sich auf der gepflegten Driving Range, wie der Übungsplatz im Fachjargon genannt wird, um. Dem Anlass entsprechend hatte sie sich heute für ein pinkfarbenes Poloshirt entschieden, dazu trug sie lange, blaue Stoffhosen, die ihre geschundenen Beine verdeckten. Ihre Füße steckten in schicken, weißen Golfschuhen, die aussahen wie gewöhnliche Sneakers und die sie seit dem Tag ihrer Platzreifeprüfung nicht mehr getragen hatte.

„Einen wunderschönen guten Morgen!“, ertönte hinter ihr eine tiefe Stimme mit deutlich britischem Akzent. „Ich bin Tom Carpenter, dein Pro“, stellte ihr Trainer sich vor und reichte ihr die Hand.

„Melissa Vogelsang, freut mich“, erwiderte sie steif, denn sein aristokratisch anmutendes Auftreten hatte sie eingeschüchtert. Interessiert musterte Melissa den gutaussehenden Mann, den sie auf Anfang vierzig schätzte und der mit seinem rötlichen Haar und der gebräunten Haut eine entfernte Ähnlichkeit mit dem jungen Robert Redford aufwies.

Tom stellte ihr einige gezielte Fragen und Melissa musste zu ihrer Schande gestehen, dass sie zwar vor Jahren die Platzerlaubnis erworben, danach aber nie wieder gespielt hatte. Tom nahm diese Information gelassen auf und schlug vor, zum Warmwerden ein paar Lockerungsübungen zu machen, womit er auch sogleich loslegte. Nebenbei wollte er von ihr wissen, ob sie zum ersten Mal in Staufen war und plauderte unbekümmert über dies und jenes.

Melissa beantwortete wahrheitsgetreu alle Fragen, während sie sich bemühte, die Bewegungen, die er vorführte, gewissenhaft nachzumachen. Als Tom sich schulterbreit aufstellte und mit durchgestreckten Beinen abwechselnd dynamisch die Hände zu den Schuhspitzen federn ließ, musste sie sich eingestehen, dass es mit ihrer Beweglichkeit nicht mehr allzu weit her war.

„Treibst du regelmäßig Sport?“, fragte Tom sie dann auch prompt, worauf Melissa betrübt den Kopf schüttelte. Wie auch? Für diesen Luxus fehlte ihr schlichtweg die Zeit! Nach der Aufwärmphase drückte er ihr einen Schläger in die Hand und bat sie, ein paar lockere Durchschwünge zu machen.

„Wie – ohne Ball?“ Irritiert sah Melissa ihn an.

Tom lachte und nickte.

Unmotiviert ließ sie zweimal den Schläger durch die Luft sausen, dann sah sie fragend auf.

„Weiter, immer weiter!“, ermutigte er sie. „Stell dir vor, du jagst Mücken!“ Er grinste.

Dieser Tom war ja ganz sympathisch, aber irgendwie schien er die Sache nicht richtig ernst zu nehmen. Melissa überlegte, ob er vielleicht Golftrainer geworden war, weil ihm für eine Profikarriere der nötige Biss gefehlt hatte. Diese Übung zumindest kam ihr ziemlich albern vor. Das war in etwa so sinnvoll, wie das Gitarrenspiel auf einer Luftgitarre erlernen zu wollen. Aber jedes Mal, wenn sie Anstalten machte, aufzuhören, befahl er ihr mit einer kreisenden Fingerbewegung, mit der Übung fortzufahren.

Mit wachsendem Unbehagen nahm Melissa wahr, dass sie trotz der frühen Stunde nicht länger allein auf der Range waren. Es war ihr furchtbar unangenehm, beim Schattengolfen auch noch Zuschauer zu haben. Verstohlen blickte sie zu den beiden Männern und der Frau, die die Abschlagsplätze neben ihr belegt hatten. Schweigend und konzentriert pfefferten sie einen Ball nach dem anderen in das abschüssige Grün hinaus, das schon nach kürzester Zeit von Übungsbällen nur so übersät war. Zu gern wäre sie auf der Kunstgrasmatte geblieben, aber Tom führte sie einige Meter beiseite auf die freie Rasenfläche, wo er ihr zwei Handvoll Bälle vorlegte.

„So, Melissa, dann zeig mal, was kannst!“, sagte er mit einem aufmunternden Lächeln und reichte ihr ein Siebener Eisen.

Was sie konnte? Sie konnte froh sein, wenn sie den Ball traf, das konnte sie! Und wenn er dann zufällig auch noch abheben und durch die Luft fliegen sollte, dann war das fast schon wie ein Sechser im Lotto!

Melissa brachte sich in Position und hob, wie einst gelernt, den Schläger an, um ihren Griff zu überprüfen. Dann ließ sie ihn rechts von dem Ball, den Tom ihr auf einem kleinen Abschlagshölzchen, dem Tee, serviert hatte, langsam zu Boden sinken. Sie versuchte sich an alles zu erinnern, was ihr damaliger Pro ihr mit auf den Weg gegeben hatte. Wie war das noch? In die Knie gehen … Arme anwinkeln … Locker durchschwingen … Kraftvoll holte sie aus.

Der Schlägerkopf schwirrte durch die Luft, schoss hinab – und pfeilschnell am Ball vorbei.

„Himmel!“, rief sie aus und starrte peinlich berührt den gemeinen Golfball an, der die Unverfrorenheit hatte, unbewegt an derselben Stelle zu liegen. Er schien sie höhnisch anzugrinsen.

„Macht nichts, probier`s einfach nochmal“, sagte Tom, die Gelassenheit in Person.

Aber Melissa war die Lust vergangen, sie glaubte, die schadenfrohen Blicke der anderen Spieler in ihrem Rücken spüren zu können. Aber es half alles nichts, da musste sie jetzt durch. Energisch biss sie die Zähne zusammen, wiederholte die Prozedur – und erzielte dasselbe vernichtende Ergebnis. Betreten sah sie zu Tom.

„Und gleich noch einmal!“, ermutigte er sie.

Sie wünschte, es täte sich ein Mauseloch im Erdboden auf, in das sie verschwinden könnte. Nach dem dritten Luftschlag stützte Melissa sich schweratmend auf dem Schläger ab. Es war entwürdigend, Schläge ohne Ball ausführen zu müssen, aber es mit Ball zu tun und diesen dann nicht zu treffen, war der Gipfel der Peinlichkeit! Der Schweiß brach ihr aus allen Poren und ihr Körper fühlte sich an, als hätte sie einen Hundertmeterlauf hinter sich gebracht.

„Wieso treffe ich diesen blöden Ball nicht?“, fragte sie Tom mit weinerlicher Stimme.

„Ja, wieso?“ Er trat hinter sie, umfasste sanft ihre Hände und vollführte in Zeitlupe einen Schlag. Als der Schlägerkopf unmittelbar über dem Ball schwebte, bremste er ab.

„Siehst du das?“

Melissa erkannte, dass sie nicht seitlich etwa am Ball vorbeigeschlagen hatte, sondern den Schläger zu hoch gehalten! Automatisch ging sie in die Knie, um die Differenz auszugleichen.

Tom ließ sie los und trat zwei Schritte zur Seite. „Das wäre die eine Möglichkeit. Dein Stand ist aber gar nicht mal so schlecht. Was ist mit deinen Armen?“, führte er sie behutsam an die Lösung des Problems heran.

Unwillkürlich streckte Melissa die Arme durch.

Tom nickte. „Ganz genau. Du fängst mit der richtigen Armlänge an, aber dann ziehst du die Arme an“, erklärte er und hatte plötzlich ein Smartphone in der Hand. „Schau, hier kann man das gut sehen.“

Melissa wurde unter ihrer rosa Baseballkappe blass. Schockiert starrte sie ihn an. „Du hast meine lächerlichen Versuche doch nicht etwa gefilmt?“

Tom lachte. „Aber sicher, das ist immer noch die beste Methodik!“

Sie hatte das Gefühl, vor Scham im Erdboden versinken zu müssen. Doch da war Tom auch schon zur Stelle und hielt ihr das Handy unter die Nase. Widerstrebend schaute Melissa sich das Video an. Und da sah sie es. Eindeutig. Sie winkelte die Unterarme viel zu stark ab! Aber noch etwas anderes sah sie, nämlich, dass sie in ihrem Golf-Outfit eine tadellose Figur machte.

„Ich verstehe“, murmelte Melissa und ging zurück an ihren Platz, wo nach wie vor der Ball unschuldig auf seinem Tee ruhte. Aber nicht mehr lange, schwor sie sich. Sie holte aus, konzentrierte sich darauf, die Arme lang zu halten und wurde umgehend belohnt. Mit einem metallischen Klacken traf der Schlägerkopf auf den Golfball, der daraufhin in die Höhe schoss und kurz hinter der Fünfundsiebzig-Meter-Marke auf der Range landete. Triumphierend sah Melissa zu Tom, der sie erfreut angrinste. Mit einem Handzeichen gab er ihr zu verstehen, dass sie ruhig weitermachen solle. Und diesmal kam sie seiner Aufforderung mit Vergnügen nach.

Doch was war das? Schon beim nächsten Schlag driftete der Ball zu weit nach rechts. Aber beim Versuch, die Differenz zu korrigieren, geriet der übernächste zu weit links! Der dritte Ball machte gar nur ein paar Hopser und kullerte dann den Abhang hinunter, als wäre er im früheren Leben eine Bowlingkugel gewesen. Frustriert schaute Melissa ihm hinterher.

Tom, der ihr schweigend zugesehen hatte, fragte: „Melissa, weshalb möchtest du Golf lernen?“

„Weil ich Turniere gewinnen will!“, antwortete sie wie aus der Pistole geschossen und schob trotzig das Kinn vor.

Er fing schallend an zu lachen.

„Was ist daran so witzig?“, gab sie hörbar eingeschnappt zurück.

„Es ist doch nur ein Spiel!“, wandte Tom ein.

„Schon, aber man spielt doch, um zu gewinnen!“ Sie verstand wirklich nicht, was an ihrer Antwort so lustig gewesen sein sollte, aber jetzt lachte Tom sogar noch mehr. Pffft! Melissa ignorierte ihn und teete den nächsten Ball auf. Die spinnen doch, die Briten! Sie holte aus, doch mitten im Schwung fing Tom den Schläger ab und hielt ihn fest.

„Was?“, fragte sie genervt.

„Für den Moment habe ich genug gesehen“, sagte

er mit seinem charmanten Akzent.

Wie, das sollte schon alles gewesen sein? Enttäuscht überließ sie ihm das Eisen, das er im Bag verstaute, dann folgte sie ihm widerstrebend aufs Putting Green. Das sogenannte kurze Spiel gehörte nicht gerade zu ihren Stärken, sie war schon im Minigolf immer eine Null gewesen.

Tom reichte ihr einen Putter, aber wie schon vorhergesehen, gingen gleich die ersten Bälle schauderhaft daneben. Sie rollten zu weit oder nicht weit genug, bogen plötzlich ab, wo sie hätten geradeauslaufen sollen und taten einfach alles, bis auf das eine: ins Loch zu plumpsen.

„Ich kann das nicht!“, stellte sie resigniert fest. „Was kann ich dagegen tun?“, wandte sie sich an Tom und hoffte auf ein Patentrezept aus seiner Trickkiste.

Doch seine Antwort fiel kurz aus und prägnant: „Üben!“

„Und für wie lange?“, fragte Melissa und klang dabei wie ein Teenager, dem der Lehrer eine Strafarbeit aufgebrummt hatte.

Wieder zuckte es verdächtig um Toms Mundwinkel. „Für immer?!“, sagte er lakonisch und konnte sich das Lachen nicht länger verkneifen.

Melissa guckte ihn konsterniert an. Was die didaktischen Fähigkeiten ihres Pros anbelangte, war sie noch nicht überzeugt.

„Kennst du den kürzesten Golfwitz?“, fragte er unvermittelt.

Sie schüttelte den Kopf.

„Er lautet: Ich kann`s!“

Tom wollte sich ausschütten vor Lachen, aber

Melissa verzog keine Miene. Komischer Typ, dieser Engländer, also echt! Aber wenn es tatsächlich nur an der fehlenden Übung liegen sollte, das ließe sich ändern. Wäre doch gelacht, wenn aus ihr nicht noch eine passable Golferin werden würde, dachte Melissa – und buchte auf der Stelle eine Folgestunde.

Auf dem Weg zurück zum Hotel kam Melissa am Clubhaus vorbei. Es war ein schönes, weißes Gebäude mit einer einladenden Sonnenterrasse davor, auf der ein einzelner Gast einsam hinter seiner Espressotasse saß. Das Café hatte gerade erst aufgemacht. Im Vorbeigehen reckte Melissa schnuppernd die Nase in die Luft. Sie kannte diesen Geruch, der ältere Herr rauchte Pfeife, genau wie früher ihr Großvater. In einem Anflug von Sentimentalität blieb sie stehen.

„Komm, setz dich halt her!“, rief der Fremde sie mit einem Wink zu sich.

Ohne darüber nachzudenken, trat Melissa näher. Wer Pfeife rauchte, konnte kein schlechter Mensch sein.

Der Mann bemerkte, wie sie neidisch auf seine Kaffeetasse schielte, und fragte großzügig: „Nimmst auch einen?“

Doch Melissa blieb standhaft. „Nein, vielen Dank.“

„Ich bin der Alfons, aber meine Freunde nennen mich Fons“, stellte er sich vor und deutete eine kleine Verbeugung an, blieb dabei aber sitzen.

„Melissa“, entgegnete sie.

Der Fons nickte, als hätte er das schon gewusst.

Was für ein schräger Vogel, dachte Melissa, aber mit seinem gezwirbelten, grauen Schnurrbart und den zahlreichen Lachfalten um die Augen wirkte er irgendwie sympathisch. Sie begutachtete seine Kleidung – eine kurze, beige Hose, ein khakifarbenes Hemd und dazu derbe Schuhe, die voller Gras waren – und schloss daraus, dass er der Golfplatzgärtner sein musste. Wie hießen die? Greenkeeper?

Er rückte ihr einen Stuhl zurecht und Melissa nahm darauf Platz. Dabei verzog sie das Gesicht.

„Schmerzen?“, fragte er teilnahmsvoll.

„Ich hab das Gefühl, jeden Muskel einzeln zu spüren“, gestand sie.

„Das legt sich wieder“, meinte er zuversichtlich, „sobald du weniger angespannt bist!“

Verblüfft starrte sie ihn an. Was war der Mann, Hellseher?

Fons grinste und sog genüsslich an seiner Pfeife. „Brauch ich keiner zu sein. Dass du total verkrampft bist, sieht man dir doch auf hundert Stund an!“

Wie bitte? Melissa wusste nicht, ob sie beleidigt sein sollte oder beeindruckt. Aber weil dieser Fons so etwas Väterliches an sich hatte, entgegnete sie versöhnlich: „Kann schon sein, aber ich arbeite bereits daran, dass sich das ändert!“

„Dann wird ganz sicher nichts daraus!“, sagte er gleichmütig, aber mit Nachdruck.

„Wieso nicht?“, gab sie verwundert zurück.

„Weil das ein Widerspruch in sich ist! Man kann nicht an seiner Entspannung arbeiten – man entspannt, indem man mit dem Arbeiten aufhört!“

Melissa wollte sich verteidigen, aber tief in ihrem Innern sagte ihr etwas, dass er damit womöglich gar nicht so verkehrt lag. Während sie noch darüber nachdachte, tauchte ein altbekanntes Gesicht auf. Es war wieder dieser unsägliche Typ, der da, zwei Stufen auf einmal nehmend, betont sportlich die Treppen hochgelaufen kam – und sie hatte schon gehofft, der eingebildete Adonis wäre vielleicht abgereist. Betreten senkte Melissa den Kopf und hoffte, dieser Kelch möge an ihr vorübergehen, doch weit gefehlt.

„Ja, griaß di, Enrico!“, rief Fons, er schien hocherfreut.

„Griaß di, Fons!“, antwortete der andere, nicht weniger begeistert.

Die beiden Männer tauschten einen herzlichen Handschlag aus, der darauf schließen ließ, dass sie sich näher kannten.

Melissa sah sich den Typen genauer an. Sein Name klang italienisch, aber trotz des dunklen Haars und der braunen Augen wirkte er nicht unbedingt wie ein Südländer. Wenn an dem etwas italienisch war, dann höchstens seine Anmachsprüche, denn die waren ungefähr so platt wie die der Beachboys in Rimini am Stand.

„Komm, hock dich zu uns“, lud Fons ihn ein.

Bitte nicht! Es fehlte nicht viel und Melissa hätte laut aufgestöhnt, wenngleich sie zugeben musste, dass der Kerl in seinem weiß-grünen Golfoutfit zum Anbeißen aussah.

„Hast du Melissa schon kennengelernt?“, fragte Fons.

„Nur indirekt“, sagte Enrico mit hörbarem Bedauern und bedachte sie mit einem hinreißenden Lächeln.

Gnädig nickte sie ihm zu – ohne jede Spur eines Lächelns. Wenn der glaubte, dass diese billige Tour bei ihr zog, dann hatte er sich aber getäuscht!

„Ich geh dann mal Bälle dreschen, wir sehen uns später!“, verkündete Enrico und es war nicht sicher auszumachen, ob er damit Fons oder Melissa meinte. Er tippte sich grüßend an die weiße Kappe und verschwand pfeifend in Richtung Driving Range.

Während Fons in der nächsten halben Stunde haarsträubende Geschichten von Prominenten zum Besten gab, die angeblich alle schon auf diesem Platz den Schläger geschwungen hatten, beobachtete Melissa unauffällig, wie Enrico ein paar Meter weiter auf der Abschlagsmatte stand und auf die Bälle eindrosch. Es bereitete ihr tiefe Genugtuung, dass er sich dabei kaum geschickter anstellte als sie selbst. Einige seiner Bälle flogen zwar superweit, aber dafür haute er gleich die nächsten wieder mitten ins Gemüse. Zweimal schaffte er es sogar, den Ball so unglücklich zu treffen, dass er die entgegengesetzte Richtung einschlug! So ein Anfänger!

Mitleidig schüttelte Melissa den Kopf. Sie glaubte, den Grund für sein Versagen zu kennen. Es war offensichtlich, dass der Mann völlig planlos an die Sache rangegangen war. Auf diese Weise konnte er ja gar nicht erfolgreich sein. Golf war ein Strategiespiel, dafür brauchte man Köpfchen, nicht Muskelkraft!

Enrico lachte sich derweil ins Fäustchen. Er hatte darauf spekuliert, die schöne Unbekannte wiederzusehen, aber sie schien wie vom Erdboden verschluckt. Nicht einmal zum Frühstück war sie erschienen und da er sie nicht als Langschläferin einschätzte, war ihm nur eine Person eingefallen, die ihm da unter Umständen weiterhelfen konnte.

Kati hatte sich zuerst ein wenig geziert, ihm aber

dann – gegen einen Zehner, den er unauffällig über den Tresen geschoben hatte – den entscheidenden Tipp geben können. Das war ein cleveres Mädel, diese Kati, denn alles, was sie mit einem kessen Augenzwinkern gesagt hatte, war: „Ich an deiner Stelle würde bei dem schönen Wetter eine Runde Golfen gehen!“ Er hatte den Tipp beherzigt und war belohnt worden.

Auf dem Weg zum Golfplatz hatte Enrico darüber nachgedacht, unter welchem Vorwand er die Frau ansprechen könnte. Aber dann war ihm unverhofft der Zufall zu Hilfe gekommen. Ausgerechnet Fons, der alte Schwerenöter, hatte sich das Objekt seiner Begierde gekrallt! Es war jedoch nicht zu übersehen gewesen, dass diese Melissa über sein Erscheinen alles andere als glücklich war. Klug, wie er war, hatte er folglich darauf verzichtet, sich den beiden aufzudrängen. Die Vorstellung, dass sie jetzt über ihn redeten, gefiel ihm sowieso viel besser. Mit seinem Golfspiel würde er Melissa zwar nicht beeindrucken können, aber dafür vielleicht mit wahrer Größe. Denn ob der Ball dort landete, wo er hin sollte, oder nicht – coole Socke, die er war, stand er da völlig drüber!

Gutgelaunt donnerte Enrico einen Ball nach dem anderen in das frische Grün hinaus und freute sich, dass ihm das Glück endlich auch mal wieder hold war. Zweieinhalb Jahre lag das unrühmliche Ende seiner letzten Beziehung zurück – oder sollte er es lieber Affäre nennen? Wie auch immer, er fühlte sich bereit für etwas Neues, vielleicht sogar für die ganz große Liebe! Obwohl er durch seinen Beruf häufig von spannenden Frauen umgeben war, hatte er die Richtige noch nicht gefunden. Denn er legte keinen gesteigerten Wert auf eine Partnerin, die ihn blindlings anhimmelte. Melissa dagegen wirkte kühl, fast schon zickig. Sie war eine harte Nuss, die er sich vorgenommen hatte zu knacken. Vergnügt knallte Enrico den letzten Ball von der Matte, er liebte Herausforderungen! Mit einem Blick zum Clubhaus versicherte er sich, dass seine Angebetete noch immer bei Fons auf der Terrasse weilte. Dann legte Enrico den Schläger ab und stapfte zum Ballautomaten, um sein Körbchen mit Bällen zu füllen.

Kein Zweifel, diese Frau war ein Eisberg. Allerdings musste er schleunigst herausfinden, ob sie nur so abweisend tat oder tatsächlich die Zimtzicke war, für die sie sich ausgab. Denn sollte letzteres der Fall sein, würde er von einem näheren Kontakt Abstand nehmen wollen. Eine komplizierte Frau passte nicht in sein Lebenskonzept. Er lebte sein Leben leicht und heiter und so sollte seiner Meinung nach auch die Liebe sein! Anregende Wortgefechte und erhitzte Gemüter fand er inspirierend, aber wenn eine Frau ständig ihren Kopf durchsetzen musste oder ihn nach ihrer Pfeife tanzen lassen wollte, kam sie für ihn nicht in Frage. Das hatte er bereits gehabt, einmal und nie wieder!

Enrico nahm den vollen Ballkorb mit zum Abschlag, stellte sich auf die Matte und brachte sich in Position. Jetzt galt es nur noch einen Weg zu finden, um Melissa wiederzusehen – und zwar so, dass er mit ihr mehr als nur ein paar belanglose Worte wechseln konnte. Sein Herz riet ihm, sie zum Dinner einzuladen, aber sein Kopf warnte ihn, dass es dafür noch zu früh war. Sie würde ihm unter Garantie eine Abfuhr erteilen und das mit Genuss! Auch wenn er mit einem gesunden Selbstbewusstsein gesegnet war, war Enrico nicht scharf darauf, einen Korb zu kassieren, zumal es danach bestimmt nicht leichter werden würde, sie für sich zu gewinnen.

Er schlug ab und sah zufrieden dem Ball nach, der einen schnurgeraden Bogen zog und unweit der Zweihundertmetermarke im Gras landete. Was er jetzt brauchte, war vor allem Geduld. Und seine unschlagbare Gabe der Beobachtung.

Dieser Fons war ein äußerst unterhaltsamer Mensch. Mühelos war es ihm gelungen, sie mit seinen heiteren Anekdoten, die ebenso gut wahr sein konnten wie erfunden, zum Lachen zu bringen. Aber als Melissa versucht hatte, das Gespräch auf Enrico zu lenken, war er plötzlich wortkarg geworden. Kein Ton war aus ihm herauszubringen gewesen, was sie nur umso neugieriger gemacht hatte. Denn obwohl sie davon überzeugt war, diesen eingebildeten Lackaffen nicht ausstehen zu können, musste sie dennoch unentwegt an ihn denken …

An der Rezeption reichte Kati ihr den Zimmerschlüssel und informierte sie darüber, dass ein gewisser Herr Wellinghoff mehrfach versucht hatte, sie telefonisch zu erreichen.

Melissa erschrak. Wie hatte Thomas herausgefunden, wo sie war? Ihr Reiseziel hatte sie wohlweislich nicht einmal ihrer Assistentin Tatjana anvertraut. Die alte Klatschbase hätte es ihm natürlich längst gesteckt! Eine Assistentin wie sie zu haben war der reinste Fluch und erwies sich nur dann als Segen, wenn man auf interne Informationen angewiesen war. Dieser Frau entging einfach nichts. Melissa fragt sich, was Thomas von ihr wollen könnte. Er wusste, dass sie eine Woche Urlaub genommen hatte und nicht im Büro sein würde. Die Krankschreibung hatte sie lieber für sich behalten, davon brauchte in der Firma niemand zu erfahren. Irgendwer tratschte doch immer, womit Spekulationen Tür und Tor geöffnet wären. Da sie in diesem Jahr aber noch keinen einzigen Urlaubstag beansprucht hatte, sollte diese eine Woche doch wirklich kein Problem darstellen!

Erst auf ihrem Zimmer bemerkte Melissa, wie furchtbar müde sie war. Sie hatte an diesem Tag noch nichts gegessen, trotzdem waren die Magenschmerzen stärker geworden. Nachdem sie es gerade noch geschafft hatte, ihre Golfschuhe abzustreifen, fiel sie erschöpft aufs Bett, wo sie am liebsten für den Rest des Tages geblieben wäre. Aber das wäre Verschwendung, sie bezahlte doch kein Luxushotel, um dann dort im Bett herumzuliegen! Dazu kam, dass das Motto des Tages von ihr körperliche Bewegung verlangte. Das bisschen Bälle schlagen war bestimmt noch nicht genug.

Träge starrte Melissa an die Decke. Die Tage, in denen sie regelmäßig Sport getrieben hatte, lagen weit zurück. Zwar verfügte ihr Arbeitgeber über ein erstklassiges Fitnessstudio, in dem sie unentgeltlich trainieren könnte, aber das hieße auch, selbst ihre karge Freizeit noch mit den Kollegen zu verbringen, die kein anderes Gesprächsthema fanden als Kunden, Deals und Karriere. Ersatzweise hatte sie sich vor ein paar Monaten elastische Gummibänder mit einer Übungs-DVD gekauft, die versprach, in nur zehn Minuten am Tag für Kondition und Fitness zu sorgen. Eine Zeit lang hatte sie das Programm dann auch tatsächlich täglich durchgeführt, konnte aber, was ihr Fitnesslevel anbelangte, keine Steigerung feststellen. Auch der topmoderne Heimtrainer, den sie in einem Anflug von schlechtem Gewissen auf dem Shopping-Kanal bestellt und strategisch günstig vor dem TV-Gerät positioniert hatte, war kaum je zum Einsatz gekommen. Ihr guter Vorsatz, sich allabendlich zu den Spätnachrichten in Form zu strampeln, war von der schlichten Tatsache vereitelt worden, dass sie um diese Zeit meist noch gar nicht zu Hause war. Und wenn, dann war sie entweder hungrig oder müde. Oder beides.

Das Hoteltelefon neben ihrem Bett hielt die unangenehme Erinnerung daran wach, dass sie Thomas dringend zurückrufen sollte. Andererseits hatte der Anti-Stress-Guru eindringlich gemahnt, größtmöglichen Abstand zum Alltag zu halten – da konnte sie doch nicht schon am zweiten Tag mit ihrem Chef telefonieren! Gedanklich ging Melissa alle ihre Kunden durch, konnte sich aber beim besten Willen nicht vorstellen, was da Weltbewegendes passiert sein sollte. Viel wahrscheinlicher war, dass Thomas sich auf den gestreiften Schlips getreten fühlte, weil sie ihn nicht in ihre Pläne eingeweiht hatte.

„Der kann mich mal!“, spie sie laut aus und verschränkte trotzig die Hände hinter dem Kopf. Erst hatte er ihr die große Karriere versprochen – und ihr dann diesen unsäglichen Thor Olsen vor die Nase gesetzt! Sollte er doch zusehen, wie er mit seinem Donnergott allein klarkam!

Sie angelte sich eine Banane aus der Obstschale und während sie die Frucht aß, überlegte Melissa, wie sie den Nachtmittag gestalten sollte. Der Einfachheit halber könnte sie eine weitere Übungseinheit auf der Driving Range anhängen. Das hätte den unschätzbaren Vorteil, dass sie bei der morgigen Golfstunde vielleicht nicht ganz so miserabel dastehen würde wie heute. Und dann war da ja noch das Plakat, das sie am Clubhaus gesehen hatte und auf dem für kommenden Sonntag ein Golfturnier angekündigt wurde – es wäre doch der perfekte Abschluss, mit einem Pokal nach Hause zu fahren! Sofort spürte Melissa neue Motivation in sich aufsteigen und alle Müdigkeit war wie weggeblasen.

Vorher allerdings musste sie einkaufen gehen, denn ihre Vorräte gingen so langsam zu Neige. Der Obstteller, den sie täglich frisch aufs Zimmer geliefert bekam, war im Preis zwar mitinbegriffen, aber für die Getränke musste sie selbst aufkommen. Und bei ihrem Konsum an Mineralwasser lief das ganz schön ins Geld. Also raffte Melissa sich auf, zog ein weinrotes Viskosekleid über, schlüpfte in die silbernen Ballerinas und schnappte sich ihren Bastbeutel. Dann machte sie sich auf zur Rezeption, um sich von Kati den Weg zum nächsten Supermarkt erklären zu lassen, der, wie sich herausstellen sollte, nur wenige hundert Meter vom Hotel entfernt lag.

Sie hatte mit einem kleinen Dorfladen gerechnet, daher staunte Melissa nicht schlecht, als sie das umfangreiche Warenangebot sah, das mühelos mit jedem Discounter in der Stadt mithalten konnte. Und nicht nur das. Ein Großteil des Angebots stammte aus der Region und beim Anblick der üppigen Früchte- und Gemüseauslagen lief ihr das Wasser im Munde zusammen. Auch die Spezialitäten an der Brottheke dufteten verführerisch und machten einen äußerst schmackhaften Eindruck. Was Melissa aber am meisten in Erstaunen versetzte, war die riesige Sammlung an Allgäu-Artikeln und Reiseandenken. Vom Autoaufkleber über Kuhglocken im Miniaturformat bis hin zu originellen Sparkühen war alles dabei. Es musste jede Menge eingefleischte Allgäu-Fans geben, die sich mit allem eindeckten, was auch nur im Entferntesten mit dieser Region zu tun hatte, anders ließ sich das nicht erklären. Sie fand sogar Zeitschriften, die sich ausschließlich mit Themen aus dem Allgäu beschäftigten – und mit einem Leben, das ihrem eigenen völlig fremd war.

Nicht im Traum hatte Melissa daran gedacht, ein Urlaubsandenken mit nach Hause zu nehmen, aber dann verliebte sie sich spontan in einen silbernen Schlüsselanhänger in Edelweißform. Der sah nicht nur hübsch aus, sondern sollte auch eine Funktion haben: Er würde sie stets an die Erholungswoche im Allgäu erinnern – und daran, dass sie niemals vergessen durfte, für Entspannung im Alltag zu sorgen.

An der Kasse legte Melissa ihre Einkäufe, bestehend aus Wasserflaschen, verschiedenen Sorten Obst und einigen Packungen Haferkekse, auf das Band und wartete, bis sie mit Bezahlen an der Reihe war. Die Kassiererin begrüßte die ältere Dame vor ihr mit einem flotten „Griaß di!“, dem eine lockere Unterhaltung folgte, die klang, als ob sich die beiden Frauen schon ewig kannten. Es waren alltägliche Szenen wie diese, die Melissa in der anonymen Großstadt vermisste. Sie wusste inzwischen, dass die

Verkäuferin in der Bäckerei an der Ecke Frau Schmied hieß, aber über unbedeutende Floskeln zur aktuellen Wetterlage waren ihre Gespräche noch nie hinausgegangen.

„Griaß di!“, sagte die junge Frau an der Kasse nun an Melissa gewandt, die sie überrascht ansah. Ach so, fiel ihr da wieder ein, hier im Ort war man ja per du! Sie überlegte, das Grußwort lässig zu erwidern, sah aber davon ab, da ihre Aussprache sie unweigerlich als Urlaubsgast enttarnen würde. „Hallo“, sagte sie daher schlicht.

„Ah, Heidelbeeren!“, bemerkte die Kassiererin, während sie die kleine Plastikbox über den Barcode-Scanner zog. „Die lieben meine Buben auch, besonders, wenn ich damit Muffins backe!“, erzählte sie lachend.

Melissa schwieg freundlich. Was sollte sie dazu auch sagen?

„Aber weißt du, wie sie am allerbesten schmecken?“ Die Verkäuferin senkte die Stimme, als wollte sie ihr ein Staatsgeheimnis anvertrauen. „Du steckst sie für eine halbe Stunde ins Gefrierfach, auf keinen Fall länger! Sie dürfen nur gut durchgekühlt sein. Dann gibst du Buttermilch und einen Spritzer Zitronensaft dazu und pürierst das Ganze. Ein Hochgenuss!“ Sie schnalzte schwelgerisch mit der Zunge.

„Vielen Dank für den Tipp, das werde ich gern mal ausprobieren“, sagte Melissa und warf dem älteren Mann hinter ihr einen verlegenen Blick zu, doch der lächelte sie höflich an.

„Unbedingt! Und beim nächsten Mal erzählst du mir, wie`s geschmeckt hat. Aber ich versprech dir, nicht nur die Kinder werden drauf abfahren!" Sie zwinkerte Melissa zu, reichte ihr das Wechselgeld und rief vergnügt: „Pfiat di!"

Melissa lud ihre Einkäufe ins Auto und war versucht, sich kräftig in den Arm zu kneifen. Das träumte sie doch gerade alles, oder? Sie hatte sich schwer zurückhalten müssen, um nicht zu sagen: „Ich habe gar keine Kinder!" – eine Tatsache, die sie trotz ihres fortgeschrittenen Alters von bald achtunddreißig Jahren noch keinen Tag bedauert hatte. Bis heute.

In dieser ländlichen Idylle kam es ihr vollkommen unnatürlich vor, in ihrem Alter kinderlos zu sein. Zu Hause in Frankfurt bestand ihr Freundeskreis vornehmlich aus Personen, die dasselbe Schicksal teilten und wie sie mit ihrem Beruf verheiratet waren, mit anderen Worten: ledig oder geschieden. Melissa wusste, dass keine ihrer weiblichen Bekannten sich bewusst gegen ein Kind und für die Karriere entschieden hatte – es hatte sich einfach so ergeben. Und wer sagt, dass man nicht auch ohne Nachwuchs ein erfülltes Leben haben konnte? Jedenfalls war das bislang immer ihr Credo gewesen. Aber seit heute war sie sich dessen nicht mehr so sicher.

Unaufhaltsam stieg die Sonne höher und brannte unbarmherzig auf die Driving Range herunter. Enrico saß im schützenden Schatten der überdachten Abschlagplätze im Gras und haderte mit sich selbst. Insgeheim hatte er gehofft, die schöne Melissa würde zurückkommen, doch den Gefallen tat sie ihm nicht. Er bildete sich ein, eine gute Intuition zu haben und die hatte ihm geflüstert, dass sie es sich nicht würde nehmen lassen, ihm ihre Golfkünste vorzuführen.

Wenn sie so diszipliniert war, wie er sie einschätzte, war sie wahrscheinlich im Golf ein Ass! Aber Enrico musste sich geschlagen geben, sie war nicht gekommen.

Also würde er eben umdisponieren, weit konnte sie ja nicht sein. Er stand auf, griff nach seinem Trolley und steuerte den Fußweg an, der ihn quer über den Golfplatz zurück zum Hotel bringen würde. Diese Frau faszinierte ihn, was eine durch und durch angenehme Erfahrung hätte sein können, wenn sie ihn nicht gleichzeitig so durcheinanderbringen würde. Enrico war daran gewöhnt, das Steuer in der Hand zu halten. In Beziehungen fühlte er sich wie ein russischer Schach-Champion, der den nächsten Zug seines Gegners mit einer hohen Trefferwahrscheinlichkeit voraussagen konnte, was ihm das sichere Gefühl von Überlegenheit gab. Doch nicht bei Melissa. Was ihren nächsten Schritt anbelangte, hatte er nun schon zum zweiten Mal komplett danebengelegen. Er fühlte sich ausgeliefert und das war neu. Aufregend und beängstigend zugleich. Aber war das die Liebe nicht immer?

Und wieder sollte Kati diejenige sein, die ihm den entscheidenden Hinweis geben konnte. Melissa war ins Dorf hinabgegangen. Ihr wissendes Grinsen verriet Enrico, dass sie aus ihm las wie aus einem offenen Buch, aber das war ihm egal. Sollte sie doch denken, was sie wollte. Er wusste selbst, dass er sich wie ein verliebter Festochse verhielt – und schämte sich keine Sekunde dafür! Denn, ja, es stimmte. Er war verliebt! Rettungslos und bis über beide Ohren. Und er würde nicht eher ruhen, bis er diese Frau an seine Seite gebracht hatte.

Enrico stieg in sein Giebelzimmerchen hinauf, machte sich frisch und schwang sich dann in seinen schwarzen Ford Mustang Convertible, um ebenfalls ins Dorf zu fahren.

Die nächsten zwei Stunden brachte er auf der Sonnenterrasse eines Cafés in strategisch günstiger Lage zu, wo Melissa früher oder später unweigerlich vorbeikommen musste. Er trank einen Cappuccino, beobachtete die vorbeiflanierenden Leute und erfreute sich am Dasein. Dazu hatte er auch allen Grund, denn in seinem Leben lief es richtig rund! Und das schon seit Jahren. Ihm fehlte wahrhaft nichts zu seinem Glück – bis auf das eine: Die richtige Frau an seiner Seite! Und wenn ihn nicht alles täuschte, müsste die jeden Augenblick hier aufkreuzen.

Aber wieder wartete Enrico umsonst. So langsam ging ihm das Getue dieser Dame mächtig gegen den Strich. Die Lady führte ihn vor wie einen untrainierten Hengst! Es würde ihn kein bisschen wundern, wenn Melissa ihn längst gesehen, sich aber bewusst von ihm ferngehalten hätte. Die andere Möglichkeit wäre, dass sie keinen müden Gedanken an ihn verschwendete und sich im Übrigen prächtig anderweitig amüsierte – eine Option, die Enrico nicht ernstlich in Erwägung ziehen wollte. Warum sollte sie auch? Er war ein super Typ, für sein Alter top in Form und sogar sein Haupthaar war noch dunkel und voll. Dass für sein Bankkonto dasselbe galt, konnte sie ja nicht wissen. Was ihm ganz recht war, denn auf diese Weise konnte er wenigstens sicher sein, dass sie hinter ihm her war und nicht nur hinter seinem Geld.

Im Moment allerdings war er hinter ihr her, und das vergebens. Bevor er, um noch länger im Café verweilen zu dürfen, einen vierten Cappuccino bestellen musste, strich Enrico lieber die Segel, gab sich geschlagen und fuhr zurück ins Hotel.

Auf dem Weg durch die Lobby warf er Kati einen Gruß zu, dann alberte er mit Basti herum, der just aus dem Lift stieg, als er hinein wollte. Enrico fuhr hinauf in den dritten Stock, von wo aus er über eine enge Stiege in sein geliebtes Refugium unterm Dach gelangte. Während er leichtfüßig die alte Holztreppe hinauflief, überlegte er, wie er herausfinden könnte, wo Melissa steckte. Kati war ihm dieses Mal keine besonders große Hilfe gewesen, aber sie konnte ja auch nicht jeden Schritt ihrer Gäste überwachen. Außerdem wollte er vor der Freundin seines Cousins nicht wie ein aufdringlicher Spanner dastehen.

Enrico durchquerte die schmale Kammer, die er vorübergehend sein Zuhause nannte, und die aus nicht viel mehr bestand als aus einem alten Bauernbett, dem dazu passenden Schrank und einem antiken Schreibtisch samt dazugehörigem Stuhl. Den Dielenboden bedeckten bunte Flickerlteppiche und das Badezimmer gegenüber auf dem Flur war kaum mehr als eine Nasszelle. Aber all das störte ihn nicht.

Hier oben war es gemütlich und heimelig und – was noch wichtiger war – hier war er ganz für sich! Denn er hatte mit Gudrun die Vereinbarung getroffen, dass er gegen einen jährlichen Obolus in die Kaffeekasse die kleine Kammer nutzen durfte, wann immer er wollte. Das war nur möglich, weil sie ihm zugleich zugesagt hatte, den Raum selbst bei Vollbelegung nicht anderweitig zu vergeben – als kleinen Dank für den Beistand, den er Basti und ihr nach Onkel Herberts Tod geleistet hatte.

Er trat hinaus auf die Loggia und betrachtete den in sich ruhenden Hochgrat. Einmal mehr gratulierte er sich selbst, diese Aussicht war unbezahlbar. Etwas Buntes im Gebüsch lenkte seinen Blick ab. Als er genauer hinsah, erkannte Enrico, dass das Glück wieder auf seiner Seite war. Denn dort unten lag – wie ein Geschenk in ein farbenfrohes Kleid verpackt – die Frau seiner Träume auf einer Sonnenliege und las ein Buch. Augenblick mal! Enrico kniff die Augen zusammen – ja, war das denn die Möglichkeit?

Wie der Blitz sauste er zurück ins Zimmer, um mangels Fernglas die Digitalkamera zu holen. Er richtete den Sucher auf Melissa und zoomte sie näher heran. Rein zufällig landete er in ihrem Dekolleté, leise pfiff Enrico durch die Zähne. Dann wanderte er langsam höher, bis die Kamera das Buch erfasst hatte und er den Titel lesen konnte. Kein Zweifel! Ein triumphales Grinsen legte sich über sein Gesicht. Das würde ja leichter werden als gedacht!

Plötzlich hatte er es nicht mehr eilig damit, ihr zu begegnen. Enrico holte sich ein kühles Cola aus dem Camping-Kühlschrank hinter der Mansardentür und setzte sich damit raus auf die Loggia. Seelenruhig genoss er denn prachtvollen Bergblick und spürte dem jubelnden Gefühl nach, das sich langsam in ihm ausbreitete. Es war Siegesgewissheit. Von nun an kannte er jeden ihrer Schritte im Voraus – sie hatte keine Chance mehr, ihm zu entkommen!

Bleib gelassen!

Weder das muntere Vogelgezwitscher noch der feurige Sonnenball, der goldglühend hinter dem Wald hervorrollte, schafften es, Melissa aus dem Land der Träume zu locken. Tief und fest schlummerte sie ihrem dritten Erholungstag entgegen und wachte erst auf, als ihre volle Blase sich meldete. Müde streckte sie die Arme durch, blinzelte träge ins Halbdunkel und gönnte sich den Luxus, weitere kostbare Minuten unter den luftigen Sommerdaunen liegen zu bleiben. Durch den schmalen Spalt zwischen den geschlossenen Gardinen floss gleißendes Sonnenlicht herein, woraus sie schloss, dass sie ungewöhnlich lange geschlafen haben musste.

Wie lautete das Tagesmotto? Ach ja, Gelassenheit! Das sollte ihr keine allzu großen Schwierigkeiten bereiten, denn sie fühlte sich schon hier und jetzt überaus gelassen. Melissa warf einen flüchtigen Blick zum Radiowecker und las an der Zeitanzeige ab, dass sie satte elf Stunden durchgeschlafen hatte! Nur gut, dass sie die Golfstunde diesmal erst für zehn Uhr gebucht hatte. Beruhigt schloss sie die Augen, um sie sogleich erschrocken wieder aufzureißen – Himmel, das war ja schon in einer Stunde!

Schwungvoll wollte sie die Beine aus dem Bett werfen, verharrte aber mit einem Aufschrei jäh in der Bewegung. Melissa fasste sich an den unteren Rücken und verzog schmerzerfüllt das Gesicht. Der ungewohnte Bewegungsablauf des Golfschwungs hatte ihr mächtig zugesetzt. Jetzt verstand sie auch Toms Warnung, es am Anfang lieber nicht zu übertreiben. Zischend sog sie die Luft durch die Zähne und startete einen neuen Versuch, diesmal allerdings im Krebsgang. Es war definitiv keine gute Idee gewesen, zwei Stunden am Stück an ihrem Abschlag zu feilen. Den gestrigen Abend hatte sie dazu genutzt, intensiv an ihrem Schwung zu arbeiten, bis in der hereinbrechenden Dämmerung der Ball nicht mehr zu erkennen gewesen war. Die Einsicht kam zu spät, aber wie sagt der Volksmund so schön? Von nichts kommt nichts!

Mit Ach und Krach schaffte Melissa es bis ins Badezimmer. Auf dem Weg dorthin bemerkte sie, dass nicht nur ihr Rücken höllisch schmerzte, sondern auch die Handflächen. Der harte Schlägergriff hatte unschöne Schwielen hinterlassen, am rechten Handballen entdeckte sie gar eine hässliche Blutblase. Nur unter größten Schmerzen gelang es Melissa, die Zahnpastatube aufzuschrauben. Während sie mit ungelenken Bewegungen ihre Zähne putzte, fragte sie sich, wie sie in ihrem Zustand eine weitere Unterrichtsstunde überstehen sollte. Zu allem Überfluss waren ihre Schläge auch noch zunehmend schlechter geworden, so dass sie am Ende der Trainingseinheit total erledigt ins Bett gefallen war. Von wegen Übung macht den Meister!

Nach einem kurzen Duschgang drehte Melissa das handtuchtrockene Haar zu einem Dutt zusammen, was mit der lädierten Hand gar nicht so einfach war. Umständehalber verzichtete sie auf Make-up und Kosmetik und beschränkte sich auf einen Hauch Mascara und einen Klecks Lipgloss. Sie schlüpfte in einen kurzen, weißen Jeansrock und ein türkisfarbenes Poloshirt, dann begab sie sich hinunter in den Speisesaal, wo das üppige Frühstücksbuffet mit seinen verbotenen Verlockungen auf sie wartete.

Tapfer schritt Melissa an den appetitlichen Bergen aus Allgäuer Schinken und Käse vorbei und machte sich über das Obstbüffet her. Es würde sie ja schon interessieren, woher dieser Anti-Stress-Guru so genau wissen wollte, welche Nahrungsmittel entspannend wirkten und welche nicht. Melissa war lange genug auf der Welt, um gelernt zu haben, dass der Stand der Wissenschaften sich laufend änderte. Jeder neue Tag brachte neue Erkenntnisse, die das Superfood, das gestern noch hochgelobt wurde, heute schon verteufeln konnten. Aber als ihr Blick auf das karge Mahl der Hotelgäste fiel, die zur Schrothkur angereist waren, war sie umgehend wieder mit ihrem Schicksal versöhnt.

Mit seiner Aussage, der Kaffeeentzug stelle spätestens ab Tag drei kein Problem mehr dar, hatte der Autor allerdings zumindest in ihrem Falle komplett danebengelegen. Allein schon der köstliche Duft brachte sie fast um den Verstand. Melissa war versucht, sich auf der Stelle einen doppelten Espresso zu bestellen. Heldenhaft kämpfte sie gegen die aufsteigenden Gelüste an und wurde darin ungewollt von dem aufmerksamen Serviermädchen unterstützt, das ihr mit einem routinierten Lächeln den schon obligatorischen Grüntee brachte. Melissa konnte kaum die Tasse halten, so sehr taten ihr die Hände weh. Der olle Churchill hatte ganz Recht, Sport ist Mord!

„Guten Morgen, Sie müssen Frau Vogelsang sein!“

Melissa sah von ihrem Obsttellerchen auf. Die volltönige Frauenstimme gehörte zu einer gepflegten weiblichen Erscheinung Mitte fünfzig, deren aschblonder Pagenkopf energisch wackelte. Mit ihrer ärmellosen, blütenweißen Bluse und dem rosafarbenen Rock im jugendlichen Mille-Fleurs-Print war sie so feminin wie geschmackvoll gekleidet.

„Ich glaub, ich hab mich Ihnen noch gar nicht vorgestellt. Mein Name ist Gudrun Helwig, mir gehört das Hotel“, sagte die Frau und lächelte. Die kleinen Fältchen rund um ihre wasserblauen Augen zeugten davon, dass sie das oft und gerne tat.

„Guten Morgen, Frau Helwig, das ist ja schön, dass ich Sie persönlich kennenlerne“, erwiderte Melissa und wollte aufstehen, doch Frau Helwig hielt sie mit einer höflichen Geste davon ab.

„Bitte lassen Sie sich doch von mir nicht stören!“ Sie lächelte noch ein wenig mehr. „Ich weiß nicht, ob Sie es schon mitbekommen haben, aber wir hier in Staufen duzen uns alle.“

Melissa nickte. Ja, das war ihr in der Tat schon aufgefallen. Nicht unangenehm, aber doch etwas gewöhnungsbedürftig.

„Also, dann, ich bin die Gudrun! Und wenn irgendetwas nicht in Ordnung sein sollte, kommst du bitte direkt zu mir“, sagte die dynamische Frau bestimmt, wobei aus ihren Worten die Zuversicht sprach, dass das ganz gewiss nicht passieren würde.

„Vielen Dank, Gudrun, das ist sehr nett.“

Die sympathische Hotelbesitzerin wünschte einen schönen Tag, dann ging sie zum nächsten Tisch, um weitere Neuankömmlinge zu begrüßen.

Nachdenklich folgte Melissa ihr mit dem Blick. Was für ein anderes Arbeiten das doch war im Vergleich zu ihrer Bank, wo immer alles steif und unpersönlich ablaufen musste! Obwohl sie gute Umgangsformen durchaus zu schätzen wusste und klare Strukturen liebte, gab ihr das zu denken. Die Geschäftsleitung der Bank legte großen Wert auf Stil und Etikette, vielleicht zu großen. Denn die am Bankschalter vorherrschende Form von Höflichkeit war bisweilen so respekteinflößend und distanziert, dass es Melissa fast schon unfreundlich vorkam. Sie löffelte einen Klecks Quark aus ihrem Schälchen und stellte sich vor, wie es wäre, wenn sie mit ihren Kunden denselben natürlich Umgangston pflegen würde, wie die Hotelangestellten hier mit ihren Gästen. Seltsamerweise schien das undenkbar. Aber weshalb?

Leider konnte sie dieser spannenden Frage nicht länger nachgehen, denn wenn sie nicht zu spät zu ihrer Golfstunde kommen wollte, musste sie sich sputen. Aber Melissa nahm sich vor, den Aufenthalt in diesem wirtlichen Hotel zu nutzen, um das Geheimnis der Allgäuer Freundlichkeit zu lüften.

Auf dem Golfplatz wurde sie bereits von Golflehrer Tom erwartet. Das heißt, nicht direkt. Denn er bemerkte ihr Kommen gar nicht, sondern war völlig in seine Abschläge vertieft. In höchster Konzentration stand er auf dem Rasen und beförderte einen Ball nach dem anderen in die unendlichen Weiten der Driving Range hinaus. Seine Schwünge kamen locker aus der Hüfte, jede seiner Bewegungen sah aus wie ein Tanzschritt. So perfekt würde sie auch gerne abschlagen können! Wie lange man wohl üben musste, um diese natürliche Anmut zu erreichen?

Tom vollführte einen weiteren tadellosen Schlag,

dann drehte er sich zu ihr um.

„Hi, Melissa!“, sagte er lächelnd und ging zu der rosafarbenen Damengolftasche mit dem Club-Logo, die er extra für sie zum Training mitgebracht hatte. Er griff hinein und reichte ihr einen Schläger.

Melissa nahm ihn wacker entgegen, presste entschlossen die Lippen aufeinander, ging zum Abschlagsplatz und legte los. Aber allem Üben zum Trotze traf sie auch heute wieder kaum einen Ball. Es war zum Davonlaufen! Geduldig korrigiert Tom mehrmals ihren Griff, doch auch das half wenig. Abwechselnd schlug Melissa die Bälle links und rechts in die Prärie oder traf sie erst gar nicht. Wutentbrannt stampfte sie mit dem Fuß auf.

Ihr Trainer ließ sie gewähren und wiederholte monoton wie eine kaputte Schallplatte die immer gleichen Worte: „Macht nichts, Melissa, macht gar nichts!“

„Ich glaube, ich hätte gestern besser auf dich hören sollen!“, gestand sie kleinlaut und zeigte ihm ihre geschundenen Hände wie ein Veteran seine Kriegsverletzung.

Doch Tom lachte nur.

Lachte der sie etwa aus? Na, warte!

Seelenruhig sah er dabei zu, wie sie einige weitere misslungene Schläge fabrizierte, bevor er sich ihrer erbarmte. Wie schon tags zuvor, fing er auf halber Höhe den Schläger ab und hielt ihn eisern fest. Aber diesmal war ihr nicht nach Scherzen zumute.

„Was soll das?“, rief Melissa empört und wollte ihm den Schläger entreißen.

„So geht das nicht, Melissa, das hier ist Golf. Es ist ein Spiel, verstehst du? Nur ein Spiel!“ Er sprach langsam, streng und mit Nachdruck – ungefähr so, wie man einen ungezogenen Hund zurechtweisen würde.

Melissa reagierte eingeschnappt. „Ja“, sagte sie, „es ist ein Spiel! Und zwar eines, bei dem ich gewinnen will!“

Mit nachsichtigem Lächeln schüttelte Tom den Kopf. „So lange du das so unbedingt willst, wirst du garantiert niemals gewinnen!“, erklärte er wissend und unterzog Melissa einer eindringlichen Musterung. Ihre Körpersprache war unmissverständlich. Es war unübersehbar, dass sie total verkrampft war – und das lag bestimmt nicht nur an den Schmerzen. Es war ihre ganze innere Haltung. Diese Frau wirkte hart, kontrolliert und unerbittlich – allem voran mit sich selbst. Und genau das sagte er ihr auch, ruhig und beherrscht. Aber es war, als hätte er ein brennendes Streichholz in einen Haufen Dynamit geworfen.

„Wie bitte?!“ Melissas Stimme überschlug sich. „Wie kannst du es wagen, so etwas zu behaupten, du kennst mich doch gar nicht!“ Zornig warf sie den Schläger ins Gras. „Und überhaupt – welchen Sinn hätte das Training, wenn nicht den, besser zu werden, um am Ende zu gewinnen?“ Und schnippisch setzte sie hinzu: „Oder denkst du vielleicht, Tiger Woods spielt nur zum Spaß?“

„Sehr gutes Beispiel“, lobte Tom. „Als Tiger anfing, das Gewinnen zu sehr zu wollen, hat er nämlich in Serie verloren!“ Er lachte und sah sie mitleidsvoll an. „Nein, Melissa, tut mir leid, aber so geht das nicht! Golf ist ein mentales Spiel, das gewinnt man zu allererst im Kopf. Aber ich fürchte, dazu fehlt es dir an der nötigen Gelassenheit!“

„Gelassenheit?“ Bei diesem Wort zuckte Melissa empfindlich zusammen.

„Pass auf“, fuhr er fort. „Wir machen das anders. Du bekommst heute eine Trainingseinheit spezial, danach sehen wir weiter.“ Er steckte den Schläger zurück in die Golftasche.

Nichts Gutes ahnend verschränkte Melissa die Arme vor der Brust und blickte ihn mit zusammengekniffenen Augen skeptisch an.

„Warst du schon einmal in einem Klettergarten?“, fragte er mit einem schelmischen Grinsen.

Entsetzt stöhnte sie auf.

„Glaub mir, das wird eine gute Erfahrung für dich. Dort wirst du lernen, dich selbst besser zu spüren und auf dich und andere zu vertrauen!“

„Nur über meine Leiche!“, machte Melissa unmissverständlich klar. Sie war ja für vieles zu haben, aber auf gar keinen Fall würde sie bei diesem Unfug mitmachen!

Der Klettergarten war nicht irgendein Klettergarten, es war der größte in Europa! Falls diese Information Melissa hätte beeindrucken sollen, hatte sie ihr Ziel verfehlt. Sie fühlte sich in der modernen Sportanlage deplatziert und fragte sich, was sie hier sollte. Aber so hart Toms Worte in ihren Ohren auch geklungen haben mochten, konnte sie doch nicht leugnen, dass ein Fünkchen Wahrheit darin lag.

Erst vor wenigen Tagen hatte ein Arzt ihr bescheinigt, kurz vor dem Burnout zu stehen – natürlich war sie angespannt! Es war ihr jedoch bislang noch nicht in den Sinn gekommen, dass ihr strapaziöser Lebensstil eine fatale Veränderung ihrer Persönlichkeit zur Folge haben könnte. Was, wenn sie auf direktem Wege dazu war, eine verhärmte und verbissene Frau zu werden? Mit anderen Worten: So, wie ihre Mutter?!

Jahrelang hatte die arme Frau verzweifelt versucht, mit ausgefallenen Hobbys, prominenten Freunden und caritativem Ehrgeiz ihren abtrünnigen Ehemann zu beindrucken. Nachdem das alles nicht gefruchtet hatte, war sie auf der glorreichen Idee verfallen, wenigstens jünger aussehen zu müssen als seine neue Frau – ungeachtet dessen, dass bei der hübschen Loreen satte zwölf Lenze weniger im Pass standen! Ihr Verhalten war lächerlich gewesen und für alle Beteiligten in höchstem Maße peinlich. Anfangs war sie verbohrt, später verbissen und am Ende verbittert. Und das war sie noch immer. Und sie hatte Krebs!

Ihre schockierende Kausallogik behielt Melissa wohlweislich für sich, willigte aber schließlich ein, dem albernen Erwachsenenspielplatz eine Chance zu geben, zumal Tom ihr glaubhaft versichert hatte, dass sie den Parcours jederzeit abbrechen konnte. Auch wenn sie sich unter seinen Worten nichts Konkretes vorstellen konnte, hatte sie dazu zustimmend genickt, sich im Stillen aber gedacht, dass Abbrechen ja wohl gleichbedeutend war mit Aufgeben, womit diese Möglichkeit zweifelsohne ausschied. Wenn sie sich auf etwas einließ, dann zog sie die Sache auch durch!

Die allwissende Kati hatte ihr bereitwillig den Weg erklärt und gemeint, sie solle am besten gleich nach dem Mittagessen hinfahren, der Basti bereite alles vor. Melissa hatte ihren Rat befolgt und sich – um das Abenteuer nicht mit leerem Magen durchstehen zu müssen – zur Stärkung einen Salatteller genehmigt.

Wenige Meter vor dem Eingangstor blieb Melissa stehen und sah sich beklommen um. Kletteranlagen wie diese kannte sie nur aus dem Hochglanzprospekt, hatte aber noch nie einen Fuß hineingesetzt. Sie war nur mäßig gespannt, was sie da drinnen erwarten würde, denn wenn sie ehrlich war, strebte ihre Motivation, bei dieser Hitze an einem Klettergerüst herumzuturnen, gegen Null. Sie war doch kein Affe!

„Hi Melissa, schön, dass du gekommen bist“, wurde sie von Basti begrüßt, der, mit kurzen Sporthosen und einem Muskelshirt bekleidet, schon auf sie wartete. „Sobald der zweite Teilnehmer eingetroffen ist, können wir anfangen“, erklärte er.

Noch eine Person? Melissa runzelte unwillig die Stirn. Dass sie bei der dämlichen Kraxelei auch noch Gesellschaft haben sollte, passte ihr schon mal gar nicht. Und noch viel weniger, als ihr aufging, wer ihr Sparringspartner sein sollte.

„Servus! Klasse, dass du mitmachst!“, sagte Basti und klopfte Enrico, der in seiner grauen Bermuda und dem tarnfarbenen Achselshirt aussah als ob er auf Safari wollte, kumpelhaft auf die Schulter.

Missmutig verfolgte Melissa die Szene, die beiden schienen sich blendend zu verstehen.

„Ist mir ein Vergnügen! Vor allem“, Enrico warf einen vielsagenden Seitenblick auf Melissa, „wenn ich damit einer charmanten Dame einen Gefallen tun kann!“ Er zwinkerte ihr selbstgefällig zu.

Gefallen? Der größte Gefallen, den er ihr tun könnte, wäre, sich vom Acker zu machen! Was für ein unerträglicher Mensch! Melissa musste sich schwer zusammennehmen, um keine abfällige Bemerkung fallen zu lassen. Wenn sie das gewusst hätte …

„Wie ihr ja schon wisst, absolvieren wir heute den Partnerparcours. Dabei geht es darum, sich aufeinander einzulassen und Vertrauen zu entwickeln, ohne das kommt ihr nämlich nicht durch“, klärte Basti die beiden auf.

Vertrauen? Ausgerechnet dem? Melissa war geneigt, die beiden Schwachköpfe stehen zu lassen und zurück ins Hotel zu fahren. Doch dann fiel ihr gerade noch rechtzeitig ein, dass sie den Golf-Olymp bezwingen wollte. Und wenn Tom davon überzeugt war, dass dieser Zinnober ihr dabei helfen würde, musste sie ihm das glauben. Denn wie sie inzwischen von Kati wusste, hatte der Knabe ganz schön was auf dem Kasten. Für die vordersten Plätze auf der Weltrangliste hatte es zwar nicht gereicht, aber nach allem, was Kati ihr über Tom Carpenter erzählt hatte, war daran nicht etwa fehlendes Können schuld gewesen, sondern eine langwierige Armverletzung, die er sich bei einem Autounfall zugezogen hatte. Es musste hart für ihn gewesen sein, die Profi-Karriere von heute auf morgen an den Nagel hängen zu müssen. Das Schicksal hatte ihm übel mitgespielt, trotzdem wirkte Tom kein bisschen verbittert. Im Gegenteil, er machte einen ausgesprochen heiteren, ja, geradezu gelassenen Eindruck!

Melissa war so in Gedanken versunken, dass sie nicht mitbekommen hatte, was Enrico zuletzt zu ihr gesagt hatte, doch es endete mit: „… oder hast du etwa Angst?“

„Angst?“, rief sie aus und lachte verächtlich. „Ich? Wovor denn?“ Entschlossen stemmte sie die Hände in die Hüften, senkte den Kopf wie ein Stier und sah ihn herausfordernd an.

Na also, dachte Enrico voller Genugtuung. Lasset die Spiele beginnen!

Zum Warmwerden ordnete Basti an, dass sie ein paar einfache Hindernisse überwinden sollten. Ziel dabei war, den jeweils kürzesten Weg zu finden. Der Parcours war dicht über dem Boden gespannt, so dass die Höhe bei dieser Übung keine besondere Herausforderung darstellte. Demonstrativ spuckte Enrico in die Hände und schwang sich mühelos an einem Seil vom einen Plateau zum nächsten.

Melissa wollte seiner Leichtigkeit in nichts nachstehen, aber nicht nur die Blasen an ihren Händen machte ihr zu schaffen, sondern auch Enricos Blick, der aufmerksam auf ihr ruhte. Sie hatte geglaubt, mit der Radlerhose und dem knappen Shirt für die Kletterei die perfekte Wahl getroffen zu haben, doch jetzt bereute sie ihre Kleiderwahl zutiefst. Melissa zwang sich, nicht an ihn zu denken und sich ganz auf ihre Aufgabe zu konzentrieren. Mutig holte sie mit dem Körper Schwung, stieß sich ab, segelte durch die Luft und landete sicher auf der Plattform.

Die nächste Runde wurde anspruchsvoller, denn sie führte sie in höhere Gefilde. Aber auch diese Herausforderung meisterten die beiden mit Bravour. Und als Enrico triumphierend die Hand hob, klatschte Melissa gnädig ab, sie wollte kein Spielverderber sein.

„So, ihr zwei Hübschen, jetzt legen wir noch eine Schippe drauf“, kündigte Basti an und erklärte ihnen die Regeln für die nächste Strecke. Nun wurde auch klar, warum für die Bewältigung des Parcours Vertrauen nötig war, denn einige besonders knifflige Stellen konnte man nur zu zweit überwinden.

Stolz darauf, dass ihr die Höhe so wenig ausmachte, hangelte Melissa sich einige Meter voran, bis sie nicht mehr weiterkam. Enrico schloss zu ihr auf, so dass sie nun zusammen an einem Seil hingen und in unbequemer Position auf Bastis Kommandos warteten, der ihnen Tipps zurief, wie sie am besten vorgehen sollten.

Dass sie Enrico dabei zwangsläufig näherkam, hätte Melissa eigentlich stören müssen. Stattdessen ertappte sie sich dabei, wie sie für den Bruchteil von Sekunden die Augen schloss und tief einatmete. Himmel, roch dieser Mann gut! Und das, obwohl er völlig durchschwitzt war! Erst als Basti und Enrico gleichzeitig ihren Namen riefen, war sie wieder bei der Sache.

Konzentriert versuchte Melissa, den nächsten Schritt auszuführen, aber er wollte ihr einfach nicht gelingen. Enrico musste sie mehrfach festhalten, um zu verhindern, dass sie abglitt und in die Tiefe stürzte. Trotz des Sicherungsseils reichte die Schrecksekunde aus, um ihr Herz zum Rasen zu bringen – ein kleiner Augenblick der Schwäche, den Enrico sofort zu seinen Gunsten zu nutzen wusste. Tief blickte er ihr in die Augen und hielt sie einen Moment länger fest als unbedingt notwendig. Seltsamerweise empfand Melissa in seiner Nähe ein angenehmes Prickeln. Was ging hier vor?

Dieser Mann war von sich eingenommen wie kein zweiter, sein Auftreten arrogant, seine Sprüche überheblich. Und dann dieses irritierende Schmuckstück an seinem Hals, das aussah wie ein schwarzes Lederband, das er ohne Anhänger trug und mit dem Verschluss nach vorn. Es würde sie nicht wundern, wenn er Mitglied irgendeiner ominösen Sekte wäre.

„Melissa, so kommen wir nicht weiter“, sagte Enrico ruhig und hielt sie am Handgelenk fest. Verstört erwiderte sie seinen Blick und er glaubte, in die Augen eines scheuen Rehs zu schauen. „Das war jetzt der fünfte Versuch! Komm schon, du packst das! Ich bin doch da und helfe dir!“

Diesmal zeigten seine Worte Wirkung, Melissa fühlte sich tatsächlich sicherer. Dennoch brauchten sie zwei weitere Anläufe, bevor sie die kritische Stelle passiert hatten, dann war es geschafft.

Zum Abschluss befahl Basti, Melissa solle die Augen schließen und sich einfach fallenlassen, während Enrico und er unten standen, bereit, sie aufzufangen. Sie protestierte heftig, aber die beiden bestanden darauf. Endlich probierte sie es, doch es war ihr absolut unmöglich, mit geschlossenen Augen die Hände vom Seil zu lösen. Diese Erkenntnis machte Melissa selbst am allermeisten zu schaffen. Wann und warum war sie anderen gegenüber so misstrauisch geworden? Plötzlich schienen ihr die Beine zu versagen. Ihre Knie begannen zu zittern und sie drohte vornüber zu kippen.

„Nimm zur Not das Sicherungsseil zur Hilfe, aber spring jetzt!“, befahl Basti streng.

Doch Melissa rührte sich nicht vom Fleck.

Mit einer beschwichtigenden Handbewegung gab Enrico Basti zu verstehen, er solle die Situation ihm überlassen, denn er hatte bemerkt, wie in Melissa eine Veränderung vorgegangen war. Auf einmal wirkte sie sichtlich erschöpft und schien sich kaum noch auf den Beinen halten zu können. Enrico positionierte sich exakt unter ihr, stellte sich auf die Zehenspitzen und berührte behutsam ihren Knöchel, den er gerade so erreichte. „Du musst keine Angst haben. Lass dich einfach langsam am Hilfsseil runterrutschen und schau, ob du dich hinsetzen kannst."

Bei seinen Worten flackerte erneut Panik in ihren Augen auf, doch dann tat sie, was er gesagt hatte. Ganz behutsam ging Melissa in die Hocke und setzte sich auf das Tau, das unter ihr gefährlich schaukelte.

Enrico ergriff sie an beiden Beinen, sagte „Auf drei!" und begann zu zählen. „Eins, zwei …!"

Bei „… drei!" öffnete Melissa die verkrampften Hände und glitt nach unten, wo sie sicher in Enricos Armen landete. Tränen der Erleichterung rannen ihr übers Gesicht und plötzlich hatte sie gar nichts mehr dagegen, dass er sie festhielt.

Enrico ließ es sich nicht nehmen, Melissa persönlich ins Hotel zurückzubringen, während Basti sich um ihren Wagen kümmern sollte. Unterwegs erwies er sich als wahrer Gentleman und verlor kein Wort über ihren kleinen Schwächeanfall, was Melissa ihm hoch anrechnete. Widerspruchslos hatte sie sich in alles gefügt, was die beiden angeordnet hatten, sie war unfähig, auch nur einen klaren Gedanken zu fassen.

Was war dort oben auf dem Seil mit ihr geschehen? Von einer Sekunde zur andern war sie in einen panikartigen Zustand gefallen, von dem sie jedoch wusste, dass er nichts mit der Höhe zu tun haben konnte. Wie ein Monster hatte sich ein eisiges Grauen von hinten an sie herangeschlichen und sie beim Genick gepackt. Allein der Gedanke daran ließ Melissa erschaudern. Im Nachhinein klang es lächerlich, aber sie hatte richtiggehend Todesangst gehabt!

Enrico brachte sie auf ihr Zimmer und ließ sie erst allein, nachdem Melissa ihm mehrfach versichert hatte, dass mit ihr wirklich alles in Ordnung war. Kraftlos sank sie auf das Bett, die Kletterei hatte sie komplett platt gemacht! Aber es war weniger die körperliche Anstrengung, die ihr zugesetzt hatte, als die emotionale. Enrico löste widersprüchliche Gefühle in ihr aus, die sie nicht einzuordnen wusste. Im einen Moment war sie von ihm magisch angezogen, nur um ihn im nächsten nicht ausstehen zu können! Der Mann machte sie fertig!

Und dann dieses überhebliche Getue! Prahlerisch hatte er den 421 PS starken V8-Motor seines Ford Mustangs aufheulen lassen, aus dem er anscheinend sein Selbstbewusstsein zog. Mit seinem lächerlichen Imponiergehabe war er ihr kräftig auf die Nerven gegangen. Trotzdem klangen die wenigen Sätze, die er auf dem Rückweg gesagt hatte, noch in ihr nach.

„Vertrauen ist das Gegenteil von Kontrolle!“, hatte er sie belehrt. Eine Aussage mit Donnerhall. Und eine, die Melissa getroffen hatte wie ein Schlag in die Magengrube, bildete sie sich doch ein, ein gleichermaßen vertrauenswürdiger wie auch vertrauensvoller Mensch zu sein. Was Enrico ihr jedoch beides rigoros abgesprochen hatte. Nicht, dass seine Meinung von irgendeiner Relevanz wäre – aber je länger sie darüber nachdachte, desto mehr musste sie zugeben, dass sie tatsächlich dazu neigte, ihr Leben unter Kontrolle halten zu wollen. Ob es um ihren Beruf ging, ihren Körper oder ihre Beziehungen – nichts hatte sie je dem Zufall überlassen. Und was hatte es ihr gebracht?

Die Schmerzen im unteren Rücken wurden stärker und Melissa wälzte sich auf die andere Seite, um

Erleichterung zu finden. Dabei fiel ihr Blick auf den Anti-Stress-Ratgeber. Wie war das noch gleich? Sie sollte sie sich heute unter keinen Umständen aufregen? Körperlich und geistig vollständig zur Ruhe kommen? Melissa lachte laut auf. Aber noch war nicht aller Tage Abend, noch war es nicht zu spät, das Versäumte nachzuholen.

Entschlossen nahm Melissa das Buch von der Ablage, schlug das Tageskapitel auf und las alle Stellen nach, die sie beim ersten Durchgang mit Leuchtstift angestrichen hatte. Im letzten Abschnitt kam der Autor darauf zu sprechen, wie wichtig es sei, mehrmals täglich Ruhepausen einzulegen. Es sei wissenschaftlich einwandfrei erwiesen, dass das Verweilen an einem stillen Ort eine beruhigende Wirkung auf das zentrale Nervensystem habe. Ob das auch für das stille Örtchen galt? Melissa schmunzelte. Die Kunst dabei war es, die Gedanken so lange kreisen zu lassen, bis sie ausgekreiselt hatten und – bildlich gesprochen – umfielen wie ein Kinderkreisel, dem der Schwung ausgegangen war.

Melissa hievte sich aus dem Bett. Auf bloßen Füßen tapste sie durch den Raum und trat hinaus auf den Balkon, um einen Blick über das Geländer zu werfen. Wie erhofft, waren die meisten Gäste Wandern gegangen, so dass sie den Poolbereich praktisch für sich allein haben würde.

Im Augenblick konnte sie sich nichts Schöneres vorstellen, als ihren überanstrengten Körper auf einer Sonnenliege nahe am Wasser zu platzieren und gemütlich vor sich hinzudämmern – und das ohne schlechte Gewissen! Vielleicht gelang ihr ja hier, was ihr zu Hause nicht vergönnt war. Denn jedes Mal, wenn sie versucht hatte, ein Mittagsschläfchen zu halten, waren ihr tausend Dinge in den Sinn gekommen, die darauf warteten, erledigt zu werden. Süßes Nichtstun gehörte eindeutig nicht zu ihren Stärken, aber das würde sich ab heute ändern!

Melissa war schon dabei, sich den Badeanzug überzustreifen, als sie sich spontan anders entschied und ihren Bikini aus der Sporttasche holte. Da sie sowieso nicht vorhatte, schwimmen zu gehen, war dies die bessere Wahl. Mit ein wenig Glück würde ihr die Sonne eine hübsche Urlaubsbräune bescheren. Gott sei Dank gehörte sie zu den Menschen, die schnell Farbe annahmen. Dafür, dass es bereits August war, war sie sowieso noch viel zu käsig, was für jemanden, der den ganzen Tag hinter verschlossenen Jalousien im klimatisierten Büro zubrachte, auch nicht weiter verwunderlich war.

Gut gelaunt traf Melissa am Pool ein und stellte erfreut fest, dass das einsame Pärchen, das sie von oben gesehen hatte, inzwischen auch verschwunden war. Sie wählte eine Liege im lichten Halbschatten eines riesigen Busches und breitete ihr sonnengelbes Hotellaken darauf aus.

„Servus, kann ich dir was bringen?“, fragte eine freundliche Servicekraft, die unvermittelt neben ihr stand.

Vor ihrem inneren Auge sah Melissa ein kühles Glas Hugo mit Eis auftauchen, doch sie wehrte die Versuchung mit einem energischen Kopfschütteln ab.

„Nein, danke. Alles bestens!“ Eine Wasserflasche hatte sie dabei, mehr würde sie nicht brauchen.

Behaglich streckte Melissa sich auf ihrer Liege aus

und dachte daran, dass sie sich im Büro um diese Zeit mindestens schon die vierte oder fünfte Tasse Kaffee holen würde. Ersatzweise wollte sie es heute mit einem Nickerchen versuchen. Sie suchte nach einer Liegeposition, die ihr möglichst wenig Schmerzen bereitete, schloss die Augen und atmete tief durch.

Es war herrlich! Bienen summten durch die Luft, hier und da zwitscherte ein Vogel und im Hintergrund murmelte leise der Bach. Genussvoll gab Melissa sich der natürlichen Geräuschkulisse hin, die so sanft war, dass sie auch von einer Entspannungs-CD stammen könnte. Sie wusste nicht, wie lange sie schon so dagelegen hatte, als sie plötzlich etwas irritierte. Ein eigentümlicher Geruch zog ihr um die Nase. Ruckartig machte sie die Augen auf und sog intensiv die Luft ein. Dieses Aroma kannte sie doch, das war Vanille-Tabak!

Mit einem trägen Blinzeln spähte sie hinüber zum Hotel und konnte zunächst nichts Ungewöhnliches entdecken. Doch dann bemerkte sie aus dem Augenwinkel heraus eine Bewegung. Sie wandte den Kopf nach rechts und hätte beinahe laut losgelacht.

Hinter einem großblättrigen Strauch versteckt, kauerte Fons und äugte neugierig durch die Blätter. Seine Pfeife hatte er zwar nicht im Mund, aber der unverkennbare Geruch begleitete ihn wo er ging und stand. Er reckte sich in die Höhe, balancierte auf einem Bein und zog dabei den Kopf zwischen die Schultern wie ein Kakadu.

Melissa folgte seiner Blickrichtung und fragte sich, worauf er wohl ein Auge geworfen haben mochte. Sie musste nicht lange warten, da kam die Antwort aus dem Haus. Mit kraftvollen Schritten überquerte

Gudrun die Terrasse. Gleichzeitig tauchte Fons eine Etage tiefer ins Gebüsch ab und strich sich mit einem Zipfel seines Hemds den Schweiß von der Stirn. Interessiert wanderten Melissas Blicke zwischen den beiden hin und her. Allem Anschein nach hatte Gudrun den heimlichen Beobachter nicht bemerkt, oder etwa doch?

Nachdem sie einem ihrer Auszubildenden eine Anweisung erteilt hatte, drehte Gudrun sich abrupt um, legte den Kopf in den Nacken und schloss für einen Moment die Augen, als wolle sie sich die Sonne ins Gesicht scheinen lassen. Dann straffte sie die Schultern, holte tief Luft und ging mit schwingendem Rock durch den Nebeneingang zurück ins Hotel. Wie ein Indianer auf dem Kriegspfad pirschte daraufhin Fons durch den Park und verschwand kurz darauf zwischen Bäumen.

Es hätte ein betulicher Nachmittag werden sollen, aber an Schlaf war jetzt natürlich nicht mehr zu denken. Fieberhaft überlegte Melissa, was es mit ihrer Beobachtung auf sich haben könnte.

„Lassen Sie uns kombinieren, Watson“, sprach sie leise zu sich selbst. Der lustige Fons – ein Spanner? Das konnte und wollte sie nicht glauben. Oder doch nur ein harmloser Verehrer? Aber warum musste er sich dann verstecken? Sie überschlug die wenigen Informationen, die sie hatte, kam aber zu keinem rechten Schluss. Von Fons wusste sie, dass er – genau wie Gudrun – hier in der Gegend aufgewachsen war. Und da Melissa ihn nur unwesentlich älter schätzte als ihre Wirtin, war es folglich gut möglich, dass die beiden sich näher kannten. Und noch eine Gemeinsamkeit fiel ihr ein: Beide waren verwitwet! Aber wozu dann die Heimlichtuerei?

„Was ist denn das für ein kritischer Blick?“, riss eine spöttische Stimme sie aus ihren Gedanken.

Erschrocken sah Melissa auf. Vor ihr stand Enrico in voller Größe und trug ungeniert seinen fast nackten, braungebrannten Astralkörper zur Schau. Seine Badehose war schwarz und – winzig! Melissa spürte, wie sie errötete. Schnell richtete sie ihren Blick höher, wo er auf ein unverschämt dunkles Augenpaar traf, das sie amüsiert anblitzte. Warum hatte sie bei diesem Mann ständig das Gefühl, dass er sich über sie lustig machte?

„Oh, hi!“, sagte sie leichthin und gab sich gänzlich unbeeindruckt.

„Wo?“, riss er einen Sparwitz, drehte sich suchend zum Pool um und lachte schallend, bevor er sich ungefragt auf der Liege neben ihr niederließ.

Mann, oh, Mann, dachte Melissa, was war der Typ peinlich!

„Jetzt komm schon, lach doch mal!“, forderte er sie heraus, aber ihr eisiger Blick brachte ihn augenblicklich zum Schweigen. „Ich verstehe, Madame möchten nicht gestört werden. Ja, dann …!“ Er erhob sich und tat, als ob er gehen wollte.

Warum war sie so unfreundlich zu ihm? Er hatte ihr doch nichts getan! „Danke nochmal fürs Heimbringen“, sagte Melissa schnell. „Und auch für die Rettung vom Hochseil, ich hätte mich keine Minute länger halten können. Das war echt nett von dir“, versuchte sie ihre Aversionen gegen ihn wiedergutzumachen.

„Ich bin nett!“, sagte er mit Nachdruck und grinste. „Aber eines musst du mir bitte verraten: Wieso gehst du klettern, wenn du überhaupt keinen Bock darauf hast?“

„Ach, das ist dir aufgefallen?“ Sie schmunzelte.

„War ja nicht zu übersehen!“, sagte er schulterzuckend. „Also?“

„Weil es mir von meinem Golflehrer verordnet worden ist“, erklärte sie und zog eine Grimasse.

„Von Tom?“ Enrico legte den Kopf in den Nacken und lachte. „Der alte Schlawiner!“

„Wieso, wie meinst du das?“ Verwundert sah Melissa ihn an.

„Sei ihm dankbar, er hat dir einen Gefallen getan!“, erwiderte er, ohne auf ihre Frage einzugehen.

„Inwiefern?“

„Sonst hättest du vielleicht nie erfahren, wie wenig du anderen vertrauen kannst. Und nicht nur anderen, auch dir selbst“, sagte Enrico ernst.

Es war Melissa höchst unangenehm, mit einem wildfremden Typen, der nicht mehr am Leib hatte, als eine Badehose, über ihre Ängste zu sprechen, aber die Art, wie er sie ansah, ließ sie fragen: „Und was hab ich davon, dass ich das jetzt weiß?“

„Erkenntnis ist aller Weisheit Anfang. Was du mit dieser Einsicht anfängst, ist allein deine Sache. Aber ich an deiner Stelle würde herausfinden wollen, wann und wodurch dieses Misstrauen entstanden ist.“

Verblüfft fragte sie: „Was bist du, Psychologe?“

Er lächelte einnehmend. „Sowas in der Art, ja.“

Enrico, ein Seelenklempner? Irgendetwas in ihr weigerte sich, das zu glauben.

„Dann hast du doch bestimmt schon längst diagnostiziert, wo die Ursache zu suchen ist, oder?“

Er zögerte kurz, bevor er antwortete: „Das wäre

reine Spekulation. Aber es könnte damit zusammenhängen, dass du generell ein Mensch bist, der die Dinge gern unter Kontrolle hat. Gut möglich, dass du sogar beruflich mit Zahlen zu tun hast“, riet er ins Blaue hinein, „denn sie geben dir die Illusion des Beherrschbaren. Wie die meisten mit dieser Neigung bist wahrscheinlich auch du als Kind enttäuscht und im Stich gelassen worden. Zum Ausgleich hältst du dich nun lieber an die Realität, die dir eine gewisse Sicherheit vermittelt – zumindest ist es das, was du glaubst.“

Fassungslos starrte Melissa ihn an. Woher wusste er das alles?

Amüsierte über ihren ungläubigen Blick sagte Enrico: „Es ist nicht besonders schwer, das zu erkennen, Melissa. Und wenn du ehrlich bist, ist dir die Erkenntnis auch nicht neu, du hast es nur bislang nicht wahrhaben wollen.“

Jedes Wort traf sie mitten ins Herz wie ein Pfeil und blieb darin stecken. Unwillkürlich zog Melissa die Beine an und schlang ihre Arme um die Knie.

„Siehst du“, kommentierte Enrico, „diese Haltung ist ein klares Zeichen von Schutzbedürftigkeit. Du versuchst verzweifelt, dich selbst zu beschützen, aber das kannst du nicht! Musst du übrigens auch gar nicht.“ Er lächelte nachsichtig.

Doch damit war er endgültig zu weit gegangen.

„Du meinst wohl, wenn du hier einen auf Frauenversteher machst, kannst du bei mir landen, wie?“, platzte es wütend aus ihr heraus.

„Und, funktioniert`s?“, fragte Enrico belustigt, aber seltsamerweise kein bisschen beleidigt.

Sie bedachte ihn mit einem geringschätzigen Blick,

den er als Aufforderung deutete, den Rückzug anzutreten. Mit einem Satz sprang er federnd auf die Füße.

„Probier`s mal mit Gottvertrauen, liebe Melissa, etwas mehr Gelassenheit würde dir gut zu Gesicht stehen. Dann verschwindet auch die Falte da!“, sagte er unverfroren und tippte sich gegen die Stirn.

„Also, jetzt reicht`s aber!“ Sie wollte ihm noch so manches mehr an den Kopf werfen, doch Enrico lachte nur. Mit elastischem Gang umrundete er den Pool und hielt auf den Eingang zum Spa-Bereich zu.

Und Melissa kam nicht umhin zu bemerken, was für einen fabelhaft geformten Hintern der Mann doch hatte. Nur zu schade, dass sein Gehirn da nicht mithalten konnte! Kopfschüttelnd legte sie sich wieder hin. Sie hatte die Augen kaum geschlossen, da spürte sie plötzlich zwei kräftige Hände, die sie an der Taille packten und hochhoben. Melissa kreischte laut auf. Noch ehe sie wusste, wie ihr geschah, landete sie auch schon im Wasser. Prustend und spuckend kam sie wieder an die Oberfläche, gerade noch rechtzeitig genug, um Enricos knackigen Hintern im Haus verschwinden zu sehen.

Die Hotelbar im Ostflügel des Hofguts war um diese Zeit nicht bewirtet, aber Enrico hatte von Gudrun die ausdrückliche Erlaubnis, sich jederzeit zu bedienen. Vielleicht, weil sie ihn gut genug kannte, um zu wissen, dass er davon nur selten Gebrauch machen würde. Aber nachdem er Melissa eine unfreiwillige Abkühlung verschafft hatte, war ihm nach einem Drink. Nur zu gern hätte er dabei zugesehen, wie sie tropfnass aus dem Pool geklettert war, aber er wollte den Bogen nicht überspannen.

Enrico betrat den dunklen Raum und drückte auf den obersten Lichtschalter. Die indirekte Beleuchtung hinter den Glasregalen mit den Spirituosen flackerte kurz auf, dann blieb sie an. Er schlürfte über den dicken, schallschluckenden Teppich und musste leise lachen. Die Szene war absurd – er, in der Bar, allein und nur mit Badehose und Schlappen bekleidet! Das war, soweit er sich erinnerte, noch nie vorgekommen.

Es passierte nicht oft, dass es ihn am Abend in die Bar verschlug, trotzdem war er schon so manche Nacht hier versumpft. Mal mit Basti, mal mit Fons, seltener auch mit anderen Hausgästen. Und einmal sogar mit Tante Gudrun, damals, zum Jahrestag von Onkel Herbert. Anfangs war sie in Tränen aufgelöst gewesen, aber dann hatte sie – unterstützt von reichlich Champagner – eine Schote nach der anderen zum Besten gegeben, bis sie am Ende die gesamte, versammelte Gesellschaft unterhalten hatte. Das war nicht das einzige Mal, dass Enrico sich wünschte, schon viel früher hierhergekommen zu sein, zu einer Zeit, in der der sagenhafte Herbert noch gelebt hatte. Aber damals hatte er ein anderes Leben in einer anderen Welt geführt.

Enrico war investigativer Journalist gewesen. Er hatte verdeckt in Konzernen und an Kriegsschauplätzen recherchiert und ein aufregendes Leben voller Nervenkitzel und Gefahr geführt. Bis diese Gefahr ihn bei einem Einsatz im afrikanischen Busch beinahe das Leben gekostet hatte.

In einem Militärkrankenhaus war er wieder zu sich gekommen, und das im doppelten Sinne. Dort, in einem sterilen Aufwachraum, hatte er erkannt, dass der Lebensstil, der ihn hätte glücklich machen sollen, ihn fast umgebracht hätte. Da war ihm unausweichlich klar geworden, dass er so nicht weitermachen konnte. Also war er nach Deutschland zurückgekehrt und hatte sich nach einem ungefährlichen Bürojob umgesehen, den er schließlich auch gefunden hatte – wenngleich ganz anders als beabsichtigt.

Zur Feier des Tages entscheid sich Enrico für einen sehr alten, sehr teuren Whiskey. Er goss eine gute Daumenbreite in ein Shortdrink-Glas und warf zwei Eiswürfel hinterher. So lautlos und unbemerkt wie er gekommen war, stahl er sich wieder davon. Er nahm die Hintertreppe, um zu verhindern, dass er mit dem Glas in der Hand gesehen wurde.

In seinem Giebelzimmer angelangt, begab er sich hinaus auf die Loggia, die so klein war, dass er sich kaum einmal um die eigene Achse drehen konnte. Unten im Park lag Melissa auf der Liege als wäre nichts gewesen. Sie hielt die Augen geschlossen und er hoffte für sie, dass sie schlief. Das arme Mädel war völlig durch den Wind.

Enrico setzte sich auf den alten Klappstuhl und nippte an seinem Whiskey, der mit einem angenehmen Brennen die Kehle hinunterrann. Wenn er nur wüsste, wie er ihr helfen könnte! Nach außen mimte sie die starke Frau, aber es waren die Momente ihrer Schwäche, die sie für ihn attraktiv machten. Denn er spürte, sie brauchte einen Mann! Einen Mann wie ihn, einen, auf den sie sich hundertprozentig verlassen konnte. Auch wenn sie ihm gegenüber weiterhin das unschuldige Rühr-mich-nicht-an spielte – Enrico war sich sicher, dass er sie heute geknackt hatte. Er hatte es in ihren Augen gesehen. Sie mochte ihn, sie wusste es nur noch nicht!

Fließe mit dem Strom!

Bis zu ihrem vierten Tag im Allgäu war Melissa vieles von dem, was sie anfangs befremdet hatte, vertraut und zur Selbstverständlichkeit geworden. An diesem Morgen war es nicht der nervtötende Radiowecker, der sie aus dem Schlaf riss, sondern eine riesige Krähe, die vorwitzig auf dem Balkongeländer saß und mit ihrem heiseren Schwatzen einen mordsmäßigen Radau veranstaltete. Als hätte sie ihre Mission mit Melissas Aufwachen erfüllt, spreizte sie die schwarzen Flügel und flatterte davon.

Begleitet vom gleichmäßigen Gebimmel der Kuhglocken fand Melissa langsam in den Tag. Das Milchvieh war auf eine tieferliegende Weide gebracht worden und damit näher ans Hotel herangerückt. Kati hatte erzählt, dass manche Gäste sich an dem Geläut störten, wofür Melissa wenig Verständnis aufbringen konnte. In ihren Ohren hatte der dumpfe Klang der Schellen etwas zutiefst beruhigendes. Auch an das allgegenwärtige du hatte Melissa sich inzwischen gewöhnt. Als Kati munter „Griaß di!“ rief, ertappte sie sich gar dabei, den Gruß zu erwidern.

Sie fühlte sich prächtig an diesem Morgen, jedenfalls bedeutend besser als noch am Vortag. Was auch damit zusammenhängen könnte, dass sie sich selbst eine höchst interessante, kleine Aufgabe verpasst hatte – und zwar eine, die nicht aus dem schlauen Ratgeber stammte. Wie dieses Buch ein Bestseller hatte werden können, war ihr schleierhaft. Viel mehr als altbekannte Allerweltstipps, wie man sie an jedem Kiosk fand, hatte es ihrer Meinung nach nicht zu bieten. Wenn sie da nur an das heutige Tagesmotto dachte! *Fließe mit dem Strom!* Das klang doch verdächtig nach esoterisch aufgekochter fernöstlicher Philosophie. Aber ihr Bauchgefühl sagte ihr unüberhörbar, dass mit Binsenweisheiten wie dieser ihren Beschwerden nicht beizukommen war. Die gute Nachricht war, dass sie wieder ein Bauchgefühl hatte! Und noch etwas anderes sagte es ihr, nämlich, dass zwischen Gudrun und Fons irgendeine geheime Verbindung bestehen musste! Und Melissa hatte sich fest vorgenommen, herauszufinden welche.

Es war sonst nicht ihre Art, sich in die Angelegenheiten fremder Leute einzumischen, aber die Vorstellung, ein wenig herumzuschnüffeln und Detektiv zu spielen, gefiel ihr. Das würde sicherlich Spaß machen und sie obendrein davon abhalten, pausenlos an Enrico zu denken, der sich seit der Kletteraktion strikt weigerte, ihr wieder aus dem Kopf zu gehen.

Das Frühstück ließ Melissa ausfallen. Stattdessen schlug schnurstracks sie den Fußweg zum '19. Loch' ein, wie das Clubhaus des Golfplatzes scherzhaft genannt wurde. Sie wollte auf der Driving Range ein paar Übungsbälle schlagen – und ganz nebenbei an ihrer Gelassenheit zu arbeiten. Aber das war nicht der einzige Grund, warum es sie auf den Golfplatz trieb. Sie hoffte, Tom dort anzutreffen.

Melissa hatte Glück. Schon von weitem sah sie den Golflehrer auf dem Putting Green stehen, zu seinen Füßen lag eine lange Reihe Bälle. Einen nach dem anderen schickte er mit einem gekonnten Stoß davon. Fasziniert blieb sie stehen und sah ihm dabei zu, wie er fast jeden Ball in einem der Löcher versenkte und das mit einer Leichtigkeit, die sie an einen Schmetterling denken ließ. Die Beiläufigkeit, mit der Tom die Bälle anstupste, erweckte den Eindruck, als sei es ihm völlig einerlei, ob sie ins Loch fanden oder nicht.

Und noch etwas war augenfällig. Nämlich, dass Mr. Tom Carpenter ein überaus gutaussehender Mann war! Wie er dort stand, mit seiner reinweißen Hose und dem dunkelblauen Poloshirt, hatte er etwas vom Kapitän einer Hochseeyacht. Melissa konnte sich ihn ohne weiteres in der feinen Gesellschaft von Cannes oder Monaco vorstellen. Er bewegte sich unauffällig und souverän, wie es üblicherweise nur Menschen gegeben war, die in einen gehobenen Stand hineingeboren waren. Möglicherweise gehörte er einem alten, englischen Adelsgeschlecht an? Gemächlichen Schrittes ging sie auf ihn zu. Ob er verheiratet war? Auf jeden Fall war er Engländer, was bedeutete, dass sie bei ihrer Mission äußerst diskret vorgehen musste.

„Hi, Tom“, kündigte sie ihr Kommen an, sobald sie in Hörweite war.

Er blickte auf. Das Lächeln, das um seine Lippen spielte, ließ keinen Zweifel daran, dass er erfreut war, sie zu sehen. „Hi, Melissa“, sagte er. „Ist das nicht ein wundervoller Morgen?“

Hingerissen sah Melissa ihn an, sein britischer Akzent war aber auch zu süß! „Ja, wirklich!“, erwiderte sie, vielleicht eine Spur zu euphorisch. Er wollte Smalltalk? Konnte er haben!

„Wie war dein Besuch im Klettergarten?“, fragte er und sah sie durchdringend an.

Argwöhnisch kniff Melissa die Augen zusammen. Sollten ihn etwa weder Basti noch Enrico über die jämmerliche Vorstellung, die sie gegeben hatte, unterrichtet haben? Die drei Jungs hingen doch sonst zusammen wie die Kletten! „Zumindest war es eine neue Erfahrung“, übte sie sich in Diplomatie.

Seiner Mimik war nicht zu entnehmen, ob er davon schon gehört hatte oder nicht.

„Das freut mich! Möchtest du ein bisschen üben?“, kam er direkt auf den Punkt.

„Das hatte ich vor.“

Tom wandte sich ab und für Momente sah es aus, als wollte er sie einfach stehenlassen. Er ging zu dem flachen Holzbau, in dem neben einem Schulungsraum und einem Büro auch die Geräte untergebracht waren, und war Minuten später mit drei Schlägern unter dem Arm zurück. Die drückte er der verdutzten Melissa in die Hände. Dann griff er in seine Hosentasche und beförderte einige Münzen für den Ballautomaten zutage.

„Als kleine Belohnung dafür, dass du meinem Rat gefolgt bist“, erklärte er augenzwinkernd.

„Danke“, sagte Melissa perplex, nahm die Schläger in die eine und die Münzen in die andere Hand. Da war es wieder, ihr Misstrauen – und sie hatte schon gedacht, er wolle sich über sie lustig machen!

„Aber sag mal, der Fons …“, versuchte Melissa endlich auf ihr Anliegen zu sprechen zu kommen, „kennst du den eigentlich schon länger?“

„Seit ich hier arbeite, also ungefähr drei Jahre. Warum fragst du?“

„Ach, nur so.“ Was sollte sie darauf auch sagen?

„Keine Sorge, der ist – wie sagt man? Harmlos!“ Tom grinste.

„Oh, natürlich, nichts anderes hab ich gedacht!“,

beteuerte Melissa schnell. „Ich hatte mich nur gefragt, warum ich ihn ständig im Hotel sehe. Er benimmt sich nicht gerade wie ein Gast, wenn du verstehst, was ich meine."

„Nein, ich glaube nicht?" Tom sah sie verwirrt an.

„Na, er ist andauernd da! An jedem einzelnen Tag!"

„Ja, und?" Er zuckte mit den Schultern. „Fons ist eben ein – wie sagt man noch gleich? Hausfreund?"

Melissa fing an zu lachen. „Du meinst, ein Freund des Hauses?!"

„Ähm, ja. Ist das nicht dasselbe?", fragte er und kratzte sich am Hinterkopf.

Noch immer lachend schüttelte sie den Kopf.

„Ok, my dear, ich muss leider weiter, der nächste Schüler wartet", sagte Tom mit hörbarem Bedauern, wünschte ihr einen schönen Tag und verabschiedete sich.

Enttäuscht sah Melissa ihm nach. Sie wäre eine erbärmliche Detektivin geworden, dieses Gespräch war ja alles andere als ergiebig! Entweder, der gute Onkel Tom wusste wirklich von nichts, oder aber, er wollte nicht damit herausrausrücken.

Nachdem Tom schon so nett gewesen war, sie mit Schlägern und Bällen auszustatten, machte Melissa sich daran zu tun, wofür sie gekommen war: Sie feilte an ihrem Golfschwung. Mit zwei Körben voller Bälle ging sie zu den Abschlagsmatten und machte sich ans Werk. Aber die Freude am Spiel wollte sich einfach nicht einstellen. Sie war mit dem Kopf nicht bei der Sache. Ihre Gedanken sprangen zwischen Enrico und Fons hin und her. Diese beiden Männer hatte etwas gemeinsam: Jeder von ihnen gab ihr auf seine Weise Rätsel auf.

Halbherzig beförderte sie die Bälle auf das Übungsfeld hinaus, als das Unfassbare geschah: Ihre Schläge wurden besser! Verwundert schaute Melissa einem Ball hinterher, der unweit der Einhundertmetermarke ins Gras fiel – und damit fast an derselben Stelle, wo auch schon seine drei Vorgänger aufgeschlagen waren. Wie war das möglich?

Von einem plötzlichen Motivationsschub erfasst, legte sie einen neuen Ball auf das Tee, schlug ab und verfolgte gespannt seinen Kurs. Doch was war das? Wie von einer Windböe getragen, driftete der Ball nach links, kam zu früh herunter und plumpste am äußersten Rand des Übungsfeldes wie ein Stein in die Wiese. Sie probierte es gleich noch einmal, abermals ohne Erfolg. Es war zum Mäuse melken!

Unbewegt lehnte Melissa auf dem Schlägergriff und starrte in das abschüssige Grün hinaus, das von weißen Bällen überzogen war, die aussahen wie die Gischt auf einem grünen Meer. Wenn sie nur wüsste, wie sie ihren Verstand abschalten könnte! Sobald sie sich auch nur einen Funken Mühe gab, ging es sofort schief. Da schoss ihr ein tollkühner Gedanke durchs Gehirn: Was, wenn diese verquere Logik auch auf Beziehungen zutraf? Was, wenn es nur so lange gutging, wie man ohne Anstrengung zusammen war? Im Wissen, dass sie weit davon entfernt war, sich mit spielerischer Leichtigkeit auf einen Mann einzulassen, spann Melissa diese interessante Theorie weiter.

Zumindest, was ihren Ex-Freund Thomas anbelangte, könnte da was dran sein. Denn von dem Moment an, in dem er ihr erklärt hatte, dass sie „an der Beziehung arbeiten“ mussten, war die Lauft raus gewesen! Der Ball zu Melissas Füßen wartete geduldig darauf, von ihr gespielt zu werden, doch sie stand reglos wie eine Statue und versuchte, die waghalsige These mit ihrer letzten Beziehungserfahrung in Übereinstimmung zu bringen. Zu Beginn war alles ganz einfach gewesen. Man müsste es also nur schaffen, diese Unbeschwertheit der verliebten Anfangsphase in den Alltag hinüberzuretten. Unwillkürlich musste Melissa an Tom denken, der sie bei ihrer ersten Golfstunde mit seinem monotonen „Macht nichts!" schier zur Weißglut gebracht hatte. Lag darin der Schlüssel zum Glück? Musste man dem anderen gegenüber einfach nur großzügiger sein und öfters mal sagen: „Aber das macht doch nichts!"?

Endlich löste Melissa sich aus ihrer Starre und schlug gedankenverloren den Ball ab. Diesmal interessierte sie es tatsächlich nicht, wo er landete, und wenn er einen Vogel vom Himmel holen sollte – ganz egal! Macht nichts! In ihr begann etwas zu jubeln, sie ahnte, dass sie der verlorenen Leichtigkeit auf der Spur war. Mal sehen. Wie wäre die Beziehung verlaufen, wenn sie von Anfang an demonstrative Gleichgültigkeit praktiziert hätte?

Thomas hatte versprochen, zum Essen zu Hause zu sein, war aber erst nach Mitternacht heimgekommen? Macht nichts! Er hatte es nicht für nötig gehalten, sie deshalb anzurufen? Macht nichts! Auf dem Heimweg hatte er Milch kaufen wollen, aber dazu war es schon zu spät gewesen? Macht auch nichts!

Wirklich? Betrübt ließ Melissa den Schläger sinken. Aber es machte ihr doch etwas! Irgendwo in ihrem gedanklichen Konstrukt musste ihr ein Fehler unterlaufen sein.

Da die Ballkörbe leer waren, beschloss Melissa, zur Abwechslung die Tagesaufgabe anzugehen, die heute von ihr verlangte, sich an ein fließendes Gewässer zu setzen, um darin zu versinken. Rein gedanklich, versteht sich. Dabei sollte sie tief in sich hineinhören und ganz bewusst wahrnehmen, was sie empfand. Obwohl ihr diese Übung schon beim bloßen Lesen lächerlich vorgekommen war, wollte sie ihr eine Chance geben. Außerdem hatte sie sonst nichts zu tun.

Während sie die Schläger zum Gerätehaus zurückbrachte, überlegte Melissa, wo sie die Übung durchführen könnte. Oben auf dem Golfplatz waren zwar reichlich Wasserhindernisse vorhanden, aber an Ruhe war da natürlich nicht zu denken. Zudem war die Gefahr, von einem Ball getroffen zu werden, viel zu groß. Auf dem Hotelgelände flossen nur unbedeutende Rinnsale und auch der Schulterguss im Spa-Bereich schien ihr für diesen Zweck ungeeignet. Nein, was sie brauchte, war ein ungestörter Ort, idealerweise an einem wilden, reißenden Fluss.

Wie schon so oft, erwies sich auch diesmal wieder Kati als ihr rettender Engel. Falls Melissas Frage nach einem großen, fließenden Gewässer sie irritiert haben sollte, ließ sie sich das jedenfalls nicht anmerken.

„Also wenn es richtig viel Wasser sein soll, empfehle ich dir die Buchenegger Wasserfälle!“, sagte sie.

Ein Wasserfall? Melissas Augen begannen zu glänzen. Fantastisch, das war genau das, was ihr vorschwebte!

Kati breitete ein neues Exemplar der Umgebungskarte auf dem Tresen aus und malte einen dicken Kringel um die Stelle, an der sich der Wasserfall befand. Dann erklärte sie Melissa, wie sie dort hinkam. „Der kürzeste Weg beginnt hier." Sie deutete auf eine Ortschaft namens Steibis. „Da läufst du circa eine dreiviertel Stunde, länger nicht. Besonders jetzt bei dieser Hitze ist das eine sehr schöne Wanderung."

Es klang perfekt. Von ihrem Vorhaben restlos begeistert, wollte Melissa auf ihr Zimmer, um sich umzuziehen. Aber als sie im dritten Stock aus dem Lift trat, glaubte sie, Enrico am Ende des Flurs zu erblicken. Verblüfft sah sie noch einmal hin, doch da war niemand. Dabei hätte sie schwören können …

Melissa wartete, aber er tauchte nicht wieder auf. Ob er zu ihr gewollt hatte? Anstatt in ihr Zimmer zu gehen, schlug sie die entgegengesetzte Richtung ein und marschierte den Gang entlang, an dessen Ende sie auf eine seltsame Holztür stieß, die nicht bis ganz zum Fußboden hinunterreichte, sondern einige Zentimeter höher endete. Während Melissa noch grübelte, wohin die geheimnisvolle Tür führen mochte, vernahm sie ein Geräusch. Es hörte sich an wie Schritte, die eilends eine Treppe herunterkamen.

So schnell sie konnte, hetzte Melissa den Flur hinunter, steckte atemlos die Zugangskarte in den Leser und brachte sich in Sicherheit. Sie schlug die Tür hinter sich zu und lehnte sich schwer atmend rücklings dagegen. Ihr Herz klopfte bis zum Hals. Melissa presste das Ohr gegen die Tür, aber kein Laut drang herein, vermutlich war es eine Schallschutztür.

Achselzuckend ging sie ins Bad und dachte: Was soll`s! Sie hatte ohnehin Besseres vor, als diesem Typen nachzujagen!

Nur ein Hauch von Pfirsich und Jasmin lag in der Luft, leicht und kaum noch wahrnehmbar, aber Enrico hatte ihren Duft sofort gewittert. War sie aus ihrem Zimmer herausgekommen oder hineingegangen? Seitdem Melissa an diesem Morgen nicht zum Frühstück erschienen war, machte er sich Gedanken. Mehr als das, er machte sich Sorgen!

Unruhig war er zwischen Speisesaal und drittem Stock hin und her gepilgert, bis es ihm zu dumm geworden war. Melissa war eine erwachsene Frau, die tun und lassen konnte, was sie wollte! Konnte sie ja auch, aber er wüsste eben gern, was! Die Wahrheit war, dass diese Frau ihn einfach nicht mehr losließ. Und ihm jede Ausrede recht war, um weiter von ihr träumen zu können. Aber allmählich drohte der Traum zum Alptraum zu geraten, denn der Zeiger der Uhr rückte gegen Mittag und noch immer war Melissa wie vom Erdboden verschluckt. Schließlich sah er nur noch einen Ausweg, er musste sie suchen! Weit konnte sie ja nicht sein, denn ihr Wagen stand unten auf dem Parkplatz.

Vom Keller bis zum Dachgeschoss hatte Enrico das gesamte Hotel durchkämmt, hatte am Pool und im Spa nachgesehen und im Park jede Bank einzeln aufgesucht, doch von Melissa keine Spur. Als er zum dritten Mal die Hotelterrasse überquert hatte, waren ihm die belustigten Blicke der anderen Gäste aufgefallen, die ihn bei seiner vergeblichen Suche beobachtet hatten. Da war es ihm zu blöd geworden – er machte sich für die Tussi doch nicht zum Deppen! Aber genau das hatte er längst getan.

Frustriert war er in den nächstbesten Gartensessel gesunken und gedanklich nochmals alle Möglichkeiten durchgegangen. Am Ende blieb nur noch eine: Melissa musste auf ihrem Zimmer sein! Aber auf sein Klopfen hin hatte sie nicht reagiert. Wollte sie die Tür nicht aufmachen oder konnte sie es nicht? Bilder einer blutüberströmten Melissa, die hilflos auf ihrem Bett lag, schossen ihm durch den Kopf und hätten ihn beinahe dazu gebracht, sich bei Kati heimlich die Generalzugangskarte auszuborgen, um nachzusehen. Aber dann war ihm Gott sein Dank eine viel bessere Idee gekommen: Sein Ass im Ärmel, das Buch!

Blitzschnell hatte Enrico die Kapitel überschlagen und sich ausgerechnet, dass sie heute bei Tag vier angelangt sein müsste – und damit bei der Wasser-Übung! Wie von der Tarantel gestochen war er aufgesprungen und nach oben geflitzt, um sich in Windeseile umzuziehen. Denn er glaubte plötzlich zu wissen, wo Melissa zu finden war. Sie wird sich ein lauschiges Plätzchen am Bach gesucht haben!

Er schnappte sich die dunkelgraue Umhängetasche aus grobem Leinen, die ihn seit vielen Jahren treu begleitete, steckte Digitalkamera und Handy ein und machte sich auf den Weg nach unten. Er würde sie finden und ihr bei der Erfüllung der Tagesaufgabe hilfreich zur Seite stehen, wofür Melissa ihm ewig dankbar sein sollte. Denn einen besseren Gehilfen als ihn konnte sie sich gar nicht wünschen – immerhin hatte er das Buch geschrieben!

Melissa stellte ihren Wagen auf dem Parkplatz hinter dem alten Gasthof ab, den Kati ihr empfohlen hatte. Dann nahm sie ihre Beuteltasche vom Beifahrersitz und holte die Baseballmütze heraus. Mit ihrer luftigen Leinenhose und der leichten Tunika über dem weißen

Tanktop fühlte sie sich für eine Begegnung mit der Wildnis einigermaßen gerüstet. Im Vergleich zu der perfekt ausgestatteten Wanderfamilie, die soeben in knallbunter Funktionskleidung aus ihrem VW-Bus kletterte, sah sie zwar aus wie eine Wanderpredigerin, aber wenigstens würde sie sich diesmal nicht die Beine zerkratzen.

Das Familienoberhaupt steckte in kurzen Hosen, die vorne fast komplett von einem dicken Bauch verdeckt wurden. Der Mann schien ortskundig zu sein, denn er rief „Mir nach!“, worauf seine Brut, bestehend aus einer nicht weniger fülligen Gattin und drei gutgenährten Kindern, ihm gehorsam hinterherstapfte. Den Worten des jüngsten Sprosses konnte Melissa entnehmen, dass die fünf ebenfalls zu den Wasserfällen wollten, weshalb sie sich dem bunten Quintett unauffällig anschloss und mit gebührendem Abstand folgte.

Sie waren erst wenige Meter über einen Feldweg gegangen, da bog die ganze Mannschaft nach links ab, passierte ein Viehgatter und betrat den dahinter liegenden Trampelpfad, der sie über freies Weideland führen sollte. Weiter unten am Hang graste friedlich eine Herde Kühe und nahm von den Störenfrieden keinen Notiz. Melissa behielt die farbenfrohe Familie fest im Blick und folgte ihr auf dem Fuße. Als sie an einer malerisch gelegenen Alpe vorbeikamen, wo müde Wanderer auf der Sonnenterrasse saßen und den fantastischen Blick genossen, erwog sie kurz, den Wasserfall sausen zu lassen, sich dazuzusetzen und eine frische Limo zu trinken. Aber nachdem sie schon so weit gekommen war, wollte Melissa ihre Tagesaufgabe nun auch zu Ende bringen.

Unbarmherzig stach die Sonne vom Himmel herab und Melissa bemerkte mit einiger Erleichterung, wie die bunte Truppe vor ihr im schattigen Wald verschwand. Ein Wegweiser informierte sie darüber, dass dieser Pfad tatsächlich zu den Buchenegger Wasserfällen führte, daher verlangsamte sie ihren Schritt und ließ sich ein wenig zurückfallen. Hinter der nächsten Biegung konnte sie den Jüngsten wieder ausmachen. Mit seiner knallgelben Mütze bildete er das Schlusslicht. Er trödelte, sang dabei vor sich hin und stocherte mit einem Stecken am Boden herum.

Bei diesem Anblick war Melissa, als ob ein Geheimfach in ihrem Gehirn aufgesprungen wäre. In ihr stiegen längst vergessen geglaubte Erinnerungen an lange Waldspaziergänge auf, zu denen ihr Vater sie früher Sonntag für Sonntag genötigt hatte. Zumindest war ihr das im Rückblick so vorgekommen, in Wahrheit aber hatte sie diese Touren genauso geliebt wie er, wohingegen ihre ältere Schwester Kerstin, die seit jeher die mädchenhaftere von ihnen war, ununterbrochen genörgelt hatte. Ihr war zu kalt gewesen oder das Gras zu nass, dann nervten sie wieder die Flugzeuge, die donnernd über ihre Köpfe hinwegfegten und die Rehe im Wald aufschreckten, und immer hatte sie eine panische Angst davor gehabt, sie könnte sich schmutzig machen.

Melissa musste grinsen als sie daran dachte, wie Kerstin sogar einmal darauf bestanden hatte, das Würstchen, das ihr Vater ihr im Lagerfeuer gebraten hatte, im Stehen zu verzehren – aus Sorge darüber, der Baumstamm, der ihnen als Sitzgelegenheit diente, könnte ihr Kleid beschädigen. An diese Geschichte hatte Melissa lange nicht mehr gedacht. Nur an ihre

Mutter konnte sie sich seltsamerweise nicht erinnern, dabei war sie fast sicher, dass sie bei diesen Ausflügen mit von der Partie gewesen sein musste.

Der Weg wurde zunehmend schmaler und führte an einer hübschen Lichtung vorbei. Melissa legte eine kleine Rast ein und lehnte sich gegen den Stamm einer hohen Tanne, um zu verschnaufen. Im Geiste konnte sie sich selbst sehen, wie sie sich als Kind hinter einem der Bäume versteckte, während ihr Vater sie suchen musste. Dieses Spiel hatte ihr stets so großes Vergnügen bereitet, dass sie in ihrem Versteck pausenlos glucksend lachen musste, wodurch es ihm ein Leichtes gewesen war, sie aufzuspüren. Aber natürlich hatte er erst eine Weile so getan, als könnte er sie nicht finden, war absichtlich in die falsche Richtung gelaufen und hatte laut und melodisch ihren Namen gerufen. „Me-li-ssa! Me-li-ssa!!“

Obwohl sie ihren Vater seit vielen Jahren nicht mehr gesehen hatte, konnte Melissa ihn noch immer hören. Seine Stimme war unverkennbar. Die Stunden mit ihm im Wald waren vielleicht die glücklichsten ihrer gesamten Kindheit gewesen – und die einzigen, in denen er für sie das war, was er hätte sein sollen: ihr Papa. Aber kaum waren sie aus dem Wald heraus, hatte sich wieder alles nur um Kerstin gedreht, die nicht nur die ältere von ihnen war, sondern mit den blonden Locken und den großen, blauen Augen auch die hübschere. Kerstin war seine Prinzessin, neben der sich Melissa stets gefühlt hatte wie das ungeliebte Aschenputtel.

Sie wischte sich eine Träne aus dem Augenwinkel und setzte ihren Weg fort, der auf eine enge Kurve zulief, von wo aus es felsig und steil bergab ging.

Bald schon konnte sie in der Tiefe das dumpfe Rauschen des Wassers hören. Dass sie dem Ziel näherkam, merkte sie auch an dem wachsenden Strom an Wanderern, die ihr entgegenkamen. Jedes Mal musste sie sich dicht an die Felswand pressen und den Bauch einziehen, um den Gegenverkehr passieren zu lassen. Es war erstaunlich, welche Vielfalt sich ihr dabei präsentierte. Die Palette reichte vom passionierten Bergfex mit schwerem Rucksack und Stöcken über sportlich gekleidete Männer, die aussahen, als trainierten sie für einen Gebirgslauf, bis hin zum gemütlichen Pärchen, das mit einer Strandtasche und Flipflops unterwegs war. Letzteres nahm Melissa kopfschüttelnd zur Kenntnis, denn der schmale, in die schattige Felswand gehauene Pfad war schlüpfrig und nass und fiel überdies senkrecht in die Schlucht hinab. Aber sie war nicht in der Position, über die Fahrlässigkeit anderer lästern zu dürfen, war es ihr doch auf ihrer ersten Tour kein Stück besser ergangen!

Je näher sie dem Flussbett kam, desto mehr verwandelte sich das Rauschen des Wassers in ein ohrenbetäubendes Tosen. Katis Wegbeschreibung zufolge hatte Melissa sich sowohl die Wanderung, als auch die Umgebung des Wasserfalls romantischer vorgestellt. Dass der Weg sie in eine gefährliche Schlucht führen würde, hatte Kati auch vergessen zu erwähnent. Vielleicht, weil es für eine Einheimische selbstverständlich war, dass ein Fluss, der nach so einer langen Trockenperiode noch Wasser führte, unweigerlich in einem tiefen Tal liegen musste.

Melissa bemühte sich auf ihre Tritte zu achten und nicht hinunterzuschauen. So viel zu ihrer Höhensicherheit! Vorsichtig setzte sie einen Fuß vor den anderen, um das letzte, besonders unsichere Stück zu überwinden, dann war sie am Ziel. Das heißt, noch nicht ganz, denn der spektakuläre Wasserfall versteckte sich hinter den Felsen, so dass sie sich dazu gezwungen sah, über eine glitschige Metallleiter zu klettern, an deren Ende sie auf weichem Sandboden landete.

Melissa drehte sich um und hielt überrascht den Atem an. Eindrucksvoll stürzten gewaltige Wassermassen durch eine Schneise, die der Fluss tief in das Nagelfluhgestein hineingeschnitten hatte. Sie wollte sich das Naturschauspiel aus der Nähe ansehen, wurde aber von einer Horde Kinder daran gehindert. Denn das Felsbassin – in Allgäuer Gefilden auch Gumpen genannt – war überbevölkert wie ein adriatischer Hotelswimmingpool in der Hauptsaison! Überall tobten und schrien Kinder, kletterten auf Felsen, um hinabzuspringen oder saßen am Ufer und warfen mit Steinen. Und wo keine Kinder waren, standen Erwachsene mit Kameras in den Händen, die lustige Verrenkungen machten, um möglichst die komplette Kaskade auf einem Bild festzuhalten.

Vom langen Abstieg erschöpft, sank Melissa auf einen feuchten Felsbrocken und sah sich um. Wie sollte sie hier, inmitten dieses Trubels, zur Ruhe kommen und entspannen? Sie trank ein paar Schlucke aus ihrer Wasserflasche, dann zog sie die Beine an und starrte auf die Kieselsteine, die am seichten Ufer lagen und in der Sonne schimmerten. Es war ein hübscher Anblick, der hypnotische Wirkung zu haben schien, denn auf einen Schlag wurde sie hundemüde.

Unterdessen riss hinter ihr der Zustrom an Leuten

nicht ab. Wie hatte Kati so schön gesagt? Ein idealer Tag für einen Ausflug hinunter zum kühlen Nass! Leider hatte sie vergessen dazuzusagen, dass der Andrang so groß war, dass die Besucher sich gegenseitig auf den Zehen herumstanden.

Melissa hob den Kopf und versuchte abzuschätzen, ob es Sinn machte, an der Weissach entlang ein Stückchen flussabwärts zu gehen. Aber auch dort schien buchstäblich jeder Stein besetzt. Sie entdeckte auch die Familie wieder, die ihr den Weg gewiesen hatte. Wie die Orgelpfeifen saßen die drei Knirpse auf einem umgefallenen Baumstamm und ließen die Füße ins Wasser baumeln. Der Kleinste hatte noch immer seinen Stecken in der Hand, den er jetzt wie eine Angel ins Wasser hielt, dazu kreischte er vergnügt. Offensichtlich machten ihm der Lärm und die vielen Leute nicht das Geringste aus. Melissa dachte, dass Stress ein reines Erwachsenenproblem sein musste, zumindest war ihr noch nie ein gestresstes Kleinkind untergekommen. Kinder waren von Natur aus sorglos.

„Macht nichts!", ermahnte sie sich leise selbst und musste grinsen. Sie wandte sich wieder dem Gumpen zu, der jetzt von einer neuen Gruppe Kinder gestürmt wurde. Den knallorangen Halstüchern nach zu schließen, gehörten sie alle derselben Gemeinschaft an, vielleicht den Pfadfindern. Oder war es der Nachwuchs der Heilsarmee?

Einer der Allerkleinsten wagte sich bis ganz nach oben. Wacklig stand er da, reckte triumphierend seine pummeligen Ärmchen in die Höhe und stieß einen hellen Siegesschrei aus. Es war niedlich anzusehen, aber nicht ganz ungefährlich. Melissa sah sich nach einer Begleitperson um, konnte aber in dem Gewusel keinen Erwachsenen entdecken. Unverwandt starrte sie wieder aufs Wasser und überlegte, was sie tun sollte. Hier konnte sie ihre Tagesaufgabe auf alle Fälle nicht erfüllen, denn es war unmöglich, sich inmitten dieser Jahrmarktsstimmung zu konzentrieren.

Plötzlich schwamm im Fluss ein orangerotes Tuch an ihr vorbei. Melissa erschrak. Schnell sah sie zu dem Fels hinauf, auf dem soeben noch der kleine Junge posiert hatte. Er war verschwunden! Schockiert sprang sie auf und suchte mit den Augen das Felsbecken ab. Aber obwohl das Wasser sehr klar war, konnte sie nicht bis zum Grund sehen, weil die Kinder es mit ihrem Geplantsche zu stark aufwühlten. Mutig erklomm sie einen Gesteinsbrocken, um sich einen besseren Überblick zu verschaffen, doch von dem kleinen Jungen mit dem hellblonden Haar fehlte jede Spur. Dafür konnte es nur eine mögliche Erklärung geben: Er musste rückwärts vom Fels ins Wasser gefallen sein!

Sofort musste Melissa an Katis Warnung vor den heftigen Strudeln denken, die schon einige Menschen das Leben gekostet hatte, und sie war sekundenlang vor Entsetzen wie gelähmt. Aber dann kletterte sie kurzentschlossen wieder hinunter, rollte die Hosenbeine hoch und watete ins Wasser. Der steinige Untergrund fiel schneller ab als gedacht, ruckzuck war ihre Hose bis zum Bund durchweicht. Plötzlich hört sie eine glockenhelle Stimme, die die anderen Kinder übertönte.

„Guckt mal, was ich gefunden habe!“

Ruckartig drehte Melissa sich um und konnte gerade noch sehen, wie der verlorengeglaubte Knirps auf seinem Kletterfelsen stand und einen weißen

Stein in die Höhe hielt. Dann rutschte sie auf dem glitschigen Flussbett aus und verlor den Halt. Unter dem schadenfrohen Gelächter der Kinder landete sie der Länge nach im kalten Wasser. Prustend und schnaubend stand Melissa wieder auf und wrang ihr nasses Haar aus.

„Da seht ihr`s, Kinder, die Steine sind tückisch glatt! Also schön aufpassen, ja?" Die junge Frau mit dem Bubikopf, die das gerufen hatte, war höchstens Anfang zwanzig und nur unwesentlich größer als ihre Schutzbefohlenen.

Melissa reichte es. Sie stieg aus dem Wasser, nahm ihre Tasche und machte sich, nass, wie sie war, an den Aufstieg. Einen Schnupfen brauchte sie bei diesen Temperaturen wohl nicht zu befürchten. Diesmal wichen entgegenkommende Wanderer großräumig aus und machten ihr bereitwillig Platz, so hatte ihr unfreiwilliges Vollbad sogar sein Gutes.

Als sie wieder bei der lauschigen Lichtung ankam, suchte sich Melissa ein abgelegenes Plätzchen, wo sie zuerst ihre Klamotten in der Wiese zum Trocknen ausbreitete und dann sich selbst auf einen bemoosten Baumstamm bettete. Und endlich kehrte ein, wonach sie den ganzen Tag schon gesucht hatte. Stille.

Minutenlang lag sie still und lauschte den Klängen des Waldes. Die Luft roch nach Tannennadeln, harzigem Holz und frischem Gras. Und wieder musste sie an ihren Vater denken. Sie wünschte sich, er wäre hier, würde nach ihr rufen und sie suchen, bis er sie gefunden hatte. Aber der suchte schon lange nicht mehr nach ihr. Wahrscheinlich war ihm längst entfallen, dass er noch eine Tochter hatte … Eine, die kein Abitur gemacht hatte und kein Prädikatsexamen vorweisen konnte. Eine, die nie geheiratet hatte und ihm keine Enkelkinder geschenkt. Vor allem aber eine, die das Pech hatte, nicht sein klassisches, nordisches Profil geerbt zu haben, sondern den dunkeln Typ ihrer Mutter – der Frau, die ihn mit einem anderen Mann betrogen hatte!

Melissa kam nicht dazu, ihre trübsinnigen Gedanken weiterzuverfolgen. Ein Kribbeln auf dem Unterarm schreckte sie auf und wie aus dem Nichts begann auf einmal ihr ganzer Körper zu jucken. Sie wusste gar nicht, wo sie sich zuerst kratzen sollte. Irritiert blickte sie an sich hinunter und stieß einen gellenden Schrei aus. Ameisen! Ihre Beine, ihr Shirt, ihre Tasche – alles war voller Ameisen!

Als Enrico die Treppe heruntergaloppiert kam, war Kati gerade am Telefon. Angespannt presste sie das Ohr an den Hörer und passte den Moment ab, in dem die Dame am anderen Ende Luft holen musste. Dann würde sie ihr Sprüchlein aufsagen, das sie mittlerweile schon auswendig kannte. In der Erwartung, von ihm wie üblich mit einem flotten Spruch abgefertigt zu werden, grinste Kati Enrico freudig entgegen. Aber der würdigte sie keines Blickes. Wie ein geölter Blitz flitzte er an der Rezeption vorbei und durch den Haupteingang hinaus. Verwundert starrte sie ihm nach.

„Ja, Frau … Nein, das ist leider nicht … Ja, wie ich schon sagte.“ Kati lauschte widerwillig und stach genervt mit dem Kugelschreiber ein Loch in ihren Notizblock. „Tut mir furchtbar leid, ich wünsche Ihnen trotzdem noch einen schönen Tag, auf Wiederhören!“

Missmutig knallte sie den Hörer in die Ladestation. Sie liebte ihren Job, aber das hier war der Teil, den sie nicht ausstehen konnte. Warum wollten manche Leute einfach nicht einsehen, dass sie nicht mal eben mitten in der Hauptsaison ein Zimmer für sie freimachen konnte? Und das war keine Frage des Preises! Zum Glück reagierten die meisten Anrufer mit Verständnis und zeigten sich einsichtig, dass sie mit ihrer Buchung viel zu spät dran waren. Aber immer wieder gab es Personen wie diese Frau Sowieso, die einfach nicht kapieren wollten, dass sich die Welt nicht ausschließlich um sie drehte! Die einen kamen zu spät, die anderen wollten nur eine Nacht bleiben, und beide bestrafte die böse Rezeptionistin!

Kati grinste schadenfroh. Geschah denen ganz recht! Und selbst wenn sie ein Zimmer frei gehabt hätte – so einer unverschämten Kuh, wie dieser Tussi, die meinte, sie am Telefon herunterputzen zu müssen, würde sie es ganz bestimmt nicht geben! Im Augenblick jedoch stellte sich diese Frage gar nicht, denn das Hofgut Helwig war auf Wochen im Voraus ausgebucht – was Kati wiederum darüber rätseln ließ, wie das Hotel trotzdem in eine finanzielle Schieflage geraten konnte.

Dass in letzter Zeit die Kasse nicht mehr stimmte, wusste sie von Basti. Nachdem er mehrere Abende hintereinander kaum ein Wort mit ihr gewechselt hatte, war ihr gestern endgültig der Kragen geplatzt.

„Entweder, du erzählst mir jetzt auf der Stelle, was mit dir los ist oder du ziehst aus!“, hatte sie ihm angedroht. Zugegeben, im Eifer des Gefechts waren ihre Worte drastischer ausgefallen als beabsichtigt, hatten aber sofort Wirkung gezeigt.

Erschrocken hatte Basti von seinem Teller Spaghetti aufgesehen und das Besteck weggelegt. Mit zerknirschtem Gesicht war er damit herausgerückt, dass es derzeit „nicht ganz so gut lief", wie er sich ausgedrückt hatte. Wie Kati ihren Basti kannte, bedeutete das Alarmstufe Rot. Denn je mehr er eine Situation verharmloste, desto schlimmer war sie für gewöhnlich. Nach seiner Reaktion rechnete Kati mit einer mittleren Katastrophe. Zuerst hatte er sich noch geziert, weil ihm die ganze Angelegenheit schrecklich peinlich war, aber dann hatte er zugegeben, dass seine Mutter sich finanziell übernommen hatte.

Nach Herberts Tod war Gudrun monatelang wie gelähmt gewesen. Als sie sich dann endlich aufgerafft und kopfüber in die Arbeit gestürzt hatten, dachten sie alle, dass das das Beste wäre, was sie tun konnte. Anfangs sah es auch ganz danach aus. Gudrun hatte eifrig Pläne gemacht, sie wollte das Spa renovieren – ein Projekt, das ihr seit langem auf der Seele brannte, das Herbert aber mehrfach verschoben hatte mit dem Argument, er könne Handwerker nur dann ins Haus lassen, wenn keine Gäste da waren. Aber wann sollte das sein? Im Sommer war das Hofgut durchgehend belegt und in den Wintermonaten wurde das Spa sogar besonders intensiv genutzt. Früher hatten sie wenigstens noch im November zwei Wochen Betriebsferien eingelegt, aber seitdem das Hotel auch Kurgäste beherbergte, war diese Option weggefallen. Abspecken konnte man immer, unabhängig von Wetter und Jahreszeit.

Mit heroischen Kräften und planerischem Geschick war es Gudrun gelungen, ihre Vorstellungen von einem topmodernen Wellnessbereich Schritt für

Schritt in die Tat umzusetzen. Praktisch über Nacht und für die Hotelgäste nahezu ohne Einschränkungen war der Spa-Bereich erneuert worden. Was Design und Ausstattung anbelangte, war das Ergebnis sensationell und suchte in der Region seinesgleichen. Doch so begabt Gudrun auch war, wenn es um die Gestaltung ging, so nachlässig hatte sie das Thema Kosten behandelt. Wie Basti unter Tränen gestanden hatte, war die Renovierung am Ende fast doppelt so teuer gekommen wie ursprünglich veranschlagt. Was anfangs noch nach einem vorübergehenden Engpass ausgesehen hatte, war aufgrund der hohen laufenden Verpflichtungen zu einem echten Problem angewachsen. Und wenn nicht bald ein Wunder geschah, würden die Helwigs ihr Hotel über kurz oder lang verkaufen müssen!

An dieser Stelle hatte Kati ihren Basti kräftig in die Arme genommen und mit dem Beistand einer liebenden Frau getröstet. Sie wusste, dass er glaubte, an der Misere nicht ganz unschuldig zu sein, denn sein Vater hatte stets gewollt, dass er eines Tages den Betrieb übernahm. Aber Basti war nun mal kein Geschäftsmann, sein Lebensinhalt waren die Berge.

Er war vorzeitig von der Schule abgegangen und hatte als jüngster Teilnehmer aller Zeiten die Ausbildung zum staatlich geprüften Berg- und Skiführer absolviert. Trotzdem war Herbert eisern dabei geblieben, sein Bub sollte eines Tages seine Nachfolge antreten und damit Aus! Dass dieser Tag schon so bald eintreffen würde, damit hatte freilich niemand gerechnet. Basti war seiner Mutter auf ewig dankbar, dass sie im Gegensatz zu ihrem Mann nie versucht hatte, ihn dazu zu überreden, ins Hotelfach zu wechseln, sondern umgehend selbst die Geschäftsleitung übernommen hatte.

Aber was Basti seine Berge waren, das waren Gudrun ihre Gäste. Sie entstammte einer alteingesessenen Staufner Gastwirtfamilie, der Servicegedanke war ihr mit in die Wiege gelegt worden. Der Gedanke an Geld hingegen hatte ihr seit jeher schlaflose Nächte bereitet. Jetzt machte Basti sich Vorwürfe, dass er den Betrieb einfach ihr überlassen und sich aus allem herausgehalten hatten. Wenn das Hotel verkauft werden musste, war das ganz allein seine Schuld!

Das Klingeln des Telefons riss Kati aus ihren sorgenvollen Gedanken. Seufzend nahm sie ab, bereit, einem weiteren ungehobelten Anrufer mit ausgesucht freundlichen Worten klarzumachen, dass vor Ende Oktober im Hofgut kein Zimmer mehr frei war!

Eine Apotheke gab es in Steibis zwar nicht, aber dafür einen gut sortierten Dorfladen. Melissa musste der gesprächigen Verkäuferin ihr Problem gar nicht erst erläutern, denn die hässlichen, roten Quaddeln, die ihre geschwollenen Arme und Schultern übersäten, sprachen für sich.

„Ja, du lieber Himmel, Kind, wo bist du denn hineingeraten?“, wollte die rundliche Person von ihr wissen und kam hinter der Verkaufsvitrine hervor geschossen.

„Ameisen“, sagte Melissa lakonisch und hielt ihr wie ein kleines Kind hilfesuchend die Arme hin.

„Juckt`s arg?“, fragte die Frau mitfühlend.

„Ziemlich. Sie haben nicht zufällig irgendeine Salbe da?“ Dass man sich hier in der Gegend duzte, war Melissa in ihrem Elend momentan entfallen.

„Ja, was könnten wir denn da drauf tun?“, fragte die Dicke, legte den Zeigefinger an die Unterlippe und sah sich suchend in ihrem Geschäft um.

„Griaß di, Cilly“, ertönte vom Eingang her die Stimme einer älteren Frau. „Hast du noch eine Buttermilch da? Dem Franz ist heut schon den ganzen Tag nach einer Buttermilch, also hab ich gesagt, ich lauf schnell zur Cilly rüber und schau, ob sie noch eine da hat.“

„Ja, mei, schau halt, da drüben im Kühlregal“, entgegnete Cilly unwirsch. Doch sowie sie es ausgesprochen hatte, leuchteten ihre Augen auf. „Kühlen, das ist es! Ameisenbisse muss man kühlen!“ Eilig lief sie um ein Regal herum und kam gleich darauf mit einer gelben Tube in der Hand zurück. „Das ist ein Mittel mit kühlender Wirkung. Es ist eigentlich gegen Sonnenbrand, hilft aber in deinem Fall bestimmt auch!“, sagte sie zuversichtlich und überreichte Melissa die Creme.

Die war bereit, alles zu nehmen, was sie kriegen konnte, und wollte schon zur Kasse.

„Ameisenbisse?“, fragte die ältere Frau neugierig und lief, zwei Fläschchen Buttermilch in den Händen, Melissa hinterher. „Wie die Kinder noch klein waren, hab ich da immer Gurkenscheiben draufgelegt. Das ist ein uraltes Hausmittel, hat schon meine Oma gemacht.“

„Ja, stimmt!“, bestätigte Cilly. „Jetzt, wo du`s sagst, fällt es mir auch wieder ein!“

„Gurke?“ Skeptisch sah Melissa die beiden Frauen an, die synchron nickten. Wenn`s hilft, dachte sie und ging sie zum Gemüsestand, um sich eine Gurke zu holen. In Anbetracht ihres geröteten Bauchs und der geschwollenen Beine nahm sie aber zur Sicherheit lieber gleich drei.

„Bist du auf Urlaub in Steibis?“, fragte die Ältere beiläufig, während die andere auf der Registrierkasse ein paar Knöpfe drückte.

„Ja, also nein“, sagte Melissa, „nicht direkt, ich bin drüben in Oberstaufen abgestiegen.“

„Ja? In welchem Haus denn?“

Neugierig war sie auch gar nicht. Melissa verriet es ihr, aber die Reaktion hätte überraschender nicht ausfallen können.

„Ach, bei der armen Gudrun“, entgegnet die Frau und machte ein Gesicht, als ob die patente Hotelwirtin soeben verblichen wäre.

„Wieso arm?“, fragte Melissa verständnislos.

„Mei, seit der Herbert tot ist – Gott hab ihn selig! – ist das Hofgut halt auch nicht mehr das, was es mal war. Ich will ja nichts Schlechtes sagen, die Gudrun tut, was sie kann ... Dabei haben wir ihr alle von Anfang an geraten, sie soll sich einen Geschäftsführer einstellen. Oder, Cilly? Das haben wir doch!“ Beifallsheischend sah sie zu der Verkäuferin, die daraufhin nachdrücklich nickte. „Aber das wollte sie ja nicht! Irgendwie wird`s schon gehen, hat sie immer gesagt. Jetzt sieht man ja, wie`s geht! Verkaufen wird sie müssen, so sieht`s aus.“

„Zwölf Euro achtzig, bitte“, unterbrach Cilly das Gespräch.

„Ähm, ja.“ Melissa zählte das Geld hin, da kam ihr eine Idee. Mit größtmöglicher Selbstverständlichkeit fragte sie: „Aber kann ihr denn nicht der Fons unter die Arme greifen?“ Gespannt wartete sie ab, was die Frau dazu sagen würde.

Die schwieg einen Moment und sah Melissa durchdringend an, als ob sie abzuschätzen versuchte, wie viel sie über die Hoteliers-Familie wissen konnte. Dann erklärte sie mit einem Achselzucken: „Können könnt er wahrscheinlich schon, aber lassen wird sie ihn halt nicht! Wie sagt man so schön: Alte Liebe rostet nicht!“ Sie kicherte vergnügt und zwinkerte Melissa zu, die verständnisvoll nickte und tat, als wüsste sie, wovon sie sprach.

Da sie so schnell wie möglich unter die Dusche wollte, steckte Melissa die Creme in ihre Tasche, klemmte die drei Gurken unter den Arm, verabschiedete sich und fuhr zurück ins Hotel.

Wie sich herausstellen sollte, war der Tipp mit den Gurken Gold wert! Mit einem im Speisesaal ausgeborgten Messer schnitt Melissa die Gurken in gleichmäßige Scheiben, mit denen sie den Boden der Badewanne auslegte. Nach einer eiskalten Dusche bettete sie ihren lädierten Leib auf den glitschigen Gurkenteppich und verteilte die restlichen Scheiben über die roten, juckenden Stellen. Hoffentlich fiel es dem Reinigungstrupp nicht gerade jetzt ein, unangemeldet hereinzuplatzen, dachte sie grinsend. Ihr Anblick musste ein Bild für Götter sein! Nur gut, dass ihr Handy außer Betrieb war – sie wäre glatt versucht, von ihrem Gurkenkostüm ein Selfie zu schießen.

Melissa blieb so lange in der Gurkenpackung liegen, bis die sich unter ihrem Rücken in ekligen Matsch verwandelt hatten. Sie schüttelte die Reste ab und duschte ein zweites Mal, diesmal allerdings warm. Dem prüfenden Blick in den Spiegel folgte ein zufriedenes Nicken. Ihre Haut hatte sich beruhigt, die

Rötungen waren fast verschwunden! Zum krönenden Abschluss cremte Melissa sich mit dem kühlenden Gel ein, dann war sie wieder mit der Welt versöhnt.

Plötzlich vernahm sie ein seltsames Knurren, das klang wie ein kleiner Hund. Verwirrt hielt Melissa in der Bewegung inne, bis ihr aufging, dass das Geräusch aus ihrem Magen kam! Mit dem seligen Lächeln einer Schwangeren legte sie eine Hand auf den Bauch und wartete. Da, schon wieder! Wenn das kein gutes Zeichen war! Seit über einem Jahr plagten sie diese brennenden Schmerzen, auch war ihr häufig schlecht, so dass sie sich meist zum Essen zwingen musste. So etwas wie ein Hungergefühl kannte sie schon lange nicht mehr. Umso größer war jetzt die Freude. „Frische Luft macht hungrig!", hatte ihr Vater früher immer behauptet, womöglich hatte er damit völlig Recht.

Im Speisesaal war noch nicht viel los, die Buffets wurden gerade erst aufgebaut. Das kam Melissa mehr als gelegen, so konnte sie sich ungestört bedienen und war davor gefeit, mit irgendjemandem Smalltalk halten zu müssen. Oder Enrico zu begegnen. Sie musste sich diesen aufgeblasenen Chaoten ein für alle Mal aus dem Kopf schlagen! Wenn es schon ein Urlaubsflirt sein sollte, wäre der adrette Tom eindeutig die bessere Wahl. Er war attraktiv, hatte erstklassige Manieren und wusste, wie man eine Dame behandelte, was man von Enrico nicht uneingeschränkt behaupten konnte. Darüber hinaus war Tom die Gelassenheit in Person. Jemand wie er würde ihr in ihrer momentanen Situation sicherlich gut tun. Aber trotz all dieser Vorzüge wanderten

Melissas Gedanken ungefragt immer wieder zurück zu Enrico, wo sie entweder an seinen tiefdunklen Augen oder an seinem knackigen Hintern hängenblieben …

Melissa lud ihren Salatteller ordentlich voll. Und weil sie fand, dass sie sich nach den Strapazen des Tages einen kleinen Luxus verdient hatte, garnierte sie das Ganze mit einigen Löffeln Krabbencocktail. Majonäse war für ihren verkorksten Magen zwar pures Gift, aber nachdem der bereits lautstark bekundet hatte, gefüllt werden zu wollen, musste er jetzt eben nehmen, was er kriegte.

Genussvoll verzehrte sie ihr Abendessen und beobachtete von ihrem Ecktisch aus nebenbei die anderen Hotelgäste, die nach und nach eintrafen. Man kannte einander vom Sehen und grüßte freundlich, wahrte darüber hinaus aber höfliche Distanz, die Melissa zu schätzen wusste. Sie war noch nie der Typ gewesen, der mit anderen leicht ins Gespräch kam oder wildfremden Menschen gegenüber eine Lebensbeichte ablegen musste. Viel zu erzählen gab es ohnehin nicht, denn seit einigen Jahren drehte sich ihr Leben mehr oder weniger ausschließlich um den Beruf.

Erst durch die Beziehung mit Thomas hatte sie angefangen darauf zu hoffen, dass sich das mittelfristig vielleicht ändern könnte und sogar mit dem Gedanken gespielt, eine Familie zu gründen. Aber davon wollte Thomas spätestens an dem Tag nichts mehr wissen, an dem der Kauf der gemeinsamen Wohnung anstand.

Zuvor war er mit allem einverstanden gewesen. Er hatte Melissa sogar ausdrücklich dazu ermutigt, einen Termin mit dem Makler zu vereinbaren! Und bei der Besichtigung schien er von der Wohnung begeistert.

Der Anblick des kleinsten Raumes entlockte ihm gar die Aussage, dass dieser ein hübsches Kinderzimmer abgeben würde, worauf Melissa wie im siebten Himmel durch die Räume geschwebt war und sich gedanklich bereits eingerichtet hatte. Alles schien perfekt, aber dann war er zum Vertragsabschluss einfach nicht erschienen.

Nachdem Thomas ihr schon seit Wochen davon vorgeschwärmt hatte, wie wunderbar alles würde, wenn sie erst zusammenwohnten, hatte Melissa bedenkenlos den Kaufvertrag allein unterzeichnet. Sie glaubte, er sei bei einem Kunden aufgehalten worden und hielt ihre Unterschrift für eine unerhebliche Formsache.

Später an diesem Abend stand sie mit einer Flasche Champagner bewaffnet vor seiner Tür, um mit ihm auf ihre gemeinsame Zukunft anzustoßen.

„Wie – du hast unterschrieben?“, stottere er und sah sie betröppelt an. „Allein?“

„Natürlich hab ich unterschrieben!“, entgegnete sie naiv. „Welchen Unterschied macht das schon, ob ich nun allein unterschreibe oder wir beide zusammen? Wenn wir erst verheiratet sind, spielt das sowieso keine Rolle mehr!“

Aufgekratzt schob sie sich an ihm vorbei durch den Flur und ging ins Wohnzimmer, wo ein leerer Pizzakarton sie hätte stutzig werden lassen sollen. Aber den nahm sie in ihrem Überschwang ebenso wenig wahr wie die beiden Gläser mit den eingetrockneten Rotweinresten. Übersprudelnd vor Begeisterung machte Melissa die Champagnerflasche auf, während sie Thomas haarklein erzählte, wie sie sich die Inneneinrichtung ihres zukünftigen Zuhauses vorstellte. Dass er keinen Ton dazu sagte, fiel ihr gar nicht auf.

„… und diese Couch wird sich prima im Wintergarten machen!“, rief sie aus und ließ sich auf das exklusive Ledersofa plumpsen.

„Das glaub ich nicht“, meinte Thomas nüchtern.

„Wieso nicht? Du willst dich doch nicht etwa von dem guten Stück trennen?“, sagte Melissa und strich mit der Hand über das weiche Leder.

„Nein, von der Couch nicht. Die bleibt hier.“

„Hier?“ Verständnislos starrte sie ihn an. Plötzlich drängten sich die Pizzaschachtel und die beiden leeren Gläser in ihr Gesichtsfeld. „Moment Mal – was willst du damit sagen?“ Eine dunkle Vorahnung machte sich in ihr breit.

„Die Couch bleibt hier, weil ich hierbleibe“, sagte er, warf sich in einen Sessel und schlug seelenruhig die Beine übereinander.

„Aber …?!“ Ihr fehlten die Worte.

„Melissa, das mit der Wohnung, wie soll ich sagen, das war doch mehr so eine Option!“

„Eine Option?“, echote sie, zuerst tonlos, dann in voller Phonzahl: „Eine Option? Diese Option hat mich heute mehr als 500.000 Euro gekostet!“

Unglücklich sah er sie an. „Aber wir wollten doch nochmal darüber reden …“

„Reden? Wir hatten heute einen Kauftermin! Und als ich den am Telefon vereinbart habe, hast du direkt neben mir gestanden, erinnerst du dich?!“ Wütend schoss Melissa hoch und stolzierte vor der Fensterfront auf und ab. „Das kannst du nicht machen, Thomas! Du kannst mich doch nicht ins offene Messer laufen lassen!“

„Woher sollte ich denn wissen, dass du das alles gleich so ernst nimmst?!", verteidigte Thomas sich.

Ruckartig blieb sie stehen. „Was – alles? Die Wohnung? Oder unsere Beziehung? Ja, die habe ich in der Tat ernst genommen! Du etwa nicht?"

Sein Blick sprach Bände. „Doch, schon. Irgendwie. Aber man muss ja nichts überstürzen."

Melissa holte tief Luft und wollte losbrüllen, doch die beiden leeren Gläser veranlassten sie zu einem spontanen Richtungswechsel.

„Wer hat aus diesem Glas getrunken?", fragte sie wie einer von Schneewittchens sieben Zwergen.

„Welches Glas?" Verwirrt schaute Thomas in die Richtung, in die ihr ausgestreckter Zeigefinger wies. „Ach so, das! Das war nur Rebekka", sagte er wegwerfend.

„Rebekka? Was macht meine Assistentin in deiner Wohnung?" Jetzt schrie sie doch.

„Sie hat mir ein paar Unterlagen vorbeigebracht, weiter nichts. Außerdem ist sie nicht mehr deine Assistentin, wenn ich dich daran erinnern darf." Thomas lehnte sich zurück, spitzte die Lippen und legte die Fingerspitzen aneinander. Melissa hasste diese Geste, die aussah, als hätte er sie bei Angela Merkel abgeschaut. Und dann war sie richtig laut geworden.

Gedankenverloren spießte Melissa mit der Gabel eine einsame Erbse auf und schob sie in den Mund. Das war der denkwürdige Augenblick gewesen, in dem ihr zwei Dinge gleichzeitig aufgegangen waren. Erstens, dass Thomas nicht nur als Bänker, sondern auch privat ein schleimiger Typ war, der wusste, wie er aus allem einen Vorteil für sich herausschlagen konnte; und zweitens, dass sie diesen Mann, der da so selbstgefällig und ohne jedes Unrechtsbewusstsein im Sessel saß, nicht lieben konnte. Und ihn vielleicht nie geliebt hatte.

Nach dem Essen goss Melissa sich ein Glas Multivitaminsaft ein und nahm es mit hinaus in den Garten. Die Luft flimmerte vibrierend und war von einer drückenden Schwere, die das Atmen fast unmöglich machte. Wer hätte gedacht, dass es im Allgäu so heiß werden konnte? Auf der Suche nach einem ruhigen Schattenplätzchen schlenderte sie durch den Park, bis ihr unvermutet Tabakduft entgegenwehte. Melissa ging immer der Nase nach und fand Fons auf einer Bank am Teich sitzend, wo er kleine Steine ins Wasser warf. Wortlos gesellte sie sich zu ihm.

Eine Weile lang saßen sie schweigend nebeneinander und beobachteten die kleinen Wellen, die nach jedem Stein kreisförmig bis ans Ufer liefen, wo sie sich sanft an Schilf und Seerosen brachen.

Fons warf noch ein Steinchen, dann sagte er philosophisch: „Jede Entscheidung, die du triffst, zieht Kreise wie ein Kiesel, der ins Wasser fällt. Sie beeinflusst dein Leben und die Menschen um dich herum und es gibt nichts, was du dagegen tun kannst.“ Die Schwermut in seinen Worten wollte so gar nicht zu dem gut aufgelegten Fons passen, den Melissa kannte, und der stets ein Späßchen auf den Lippen hatte.

„Ist es eine bestimmte Entscheidung, deren Kreise dir zu schaffen machen?“, wagte Melissa zu fragen.

Fons nickte.

„Eine, die unabänderlich ist?“

Er nickte wieder.

„Meine Mutter sagt ja immer, jede Entscheidung lässt sich rückgängig machen, außer Schwangerschaft und Selbstmord!“, gab Melissa eine Lebensweisheit zum Besten.

„Da hast du`s!“, sagte Fons überraschend heftig, bückte sich vornüber, griff nach einem mittelgroßen Stein und warf ihn mit aller Kraft in den Teich. Dem dumpfen Platschen folgte aufdringliches Schweigen. Mehr schien er dazu nicht sagen zu wollen.

Melissa trank ihr Glas aus und überließ Fons mit seinen trüben Gedanken wieder sich selbst. Sie ging zurück zum Hotel, wo sie auf dem Servierwagen, der für die Poolgäste stets am Seiteneingang bereitstand, ihr leeres Glas loswurde. Eigentlich wollte sie ins Haus, besann sich beim Anblick der proppenvollen Terrasse jedoch anders. Der Abend war viel zu schön, um ihn allein auf dem Zimmer zu verbringen. Kurzentschlossen schlug sie die Gegenrichtung ein, ließ den Park hinter sich und stapfte querfeldein über die frisch gemähte, wunderbar duftende Wiese hangaufwärts. Sie musste nachdenken.

Was war das bloß für eine alte Geschichte, die Gudrun mit Fons verband? Durch ihr beharrliches Schweigen hatte Melissa versucht, ihn zum Reden zu bewegen – eine Taktik, die bei den meisten Männern aufging. Nur nicht bei Fons. Er war verstockt und schweigsam geblieben wie die Fische im Teich. Ob seine deprimierte Stimmung etwas mit Gudrun zu tun hatte? Melissa war sich überdeutlich bewusst, dass sie das Schicksal dieser beiden Menschen nicht das Geringste anging. Aber sie wurde das dumpfe Gefühl nicht los, einem spannenden Geheimnis auf der Spur zu sein – ja, vielleicht sogar einer ganz großen Liebesgeschichte?!

Kaum war Melissa weg, bekam Fons schon wieder Gesellschaft. Und das ausgerechnet heute, wo er ausnahmsweise einfach nur allein sein wollte. Was selten genug vorkam, aber jetzt war es halt so. Er musste nicht erst aufsehen, um zu wissen, wer da in kräftigen Schritten über den knirschenden Kies gelaufen kam. Im nächsten Moment tauchte ein nacktes Paar Männerknie neben dem seinen auf.

„He, alter Knabe, was treibt dich denn hierher?“, fragte Enrico und legte Fons vertraulich den Arm um die Schultern.

Fons mochte den Jungen. Er war zwar ein wenig ungestüm, hatte aber ein gutes Herz. Heute allerdings wäre er lieber für sich geblieben. Deshalb griff er nach Enricos Arm und schob ihn sanft, aber bestimmt von seiner Schulter.

„Entschuldige, ich wollte dir nicht zu nahe treten!“, sagte Enrico betupft und hob zum Zeichen des Bedauerns die Hände.

Wider Willen musste Fons lächeln. Das war so typisch für ihn, nie ging es ohne die großen Gesten und Gefühle!

„Ok, lass mich raten. Eine Frau?“, fragte Enrico.

Fons stützte die Hände auf den Knien ab und nickte schicksalsergeben.

„Scheiße. Ist doch immer dasselbe mit den Weibern! Erst verdrehen sie dir den Kopf, dann tanzt du nach ihre Pfeife. Seh ich vielleicht aus wie ein Waschbär?“

„Genau so ist es! Schön, gell?!“, bestätigte Fons

mit einem ebenso verklärten wie verschmitzten Lächeln und holte seine Pfeife aus der Hemdtasche.

Enrico starrte ihn an, als hätte er den Verstand verloren. Er reckte die Nase in die Luft und schnüffelte ein paarmal, dann fragte er: „Sag mal, hast du einen neuen Tabak? Irgendwie riecht es hier penetrant nach Gurke!“

Unterdessen war Melissa davon überzeugt, den herrlichsten Flecken auf Gottes weiter Erde entdeckt zu haben. Ziellos war sie den abgegrasten Hang hinaufgestiegen und hatte sich plötzlich an einem Platz wiedergefunden, der ihr vorkam wie verzaubert. Fasziniert sah sie sich auf dem Stückchen Land um, das nach oben vom schützenden Waldrand begrenzt wurde und nach unten eine atemberaubende Aussicht bot. Auf einer mit rotem Mohn und blauen Kornblumen übersäten Wiese standen fünf stattliche Laubbäume, die ihre prachtvollen Kronen in den Himmel hoben. Es musste noch jemanden geben, der dieses beschauliche Fleckchen Erde für sich entdeckt hatte, denn zwischen den Bäumen baumelte eine Hängematte. Die kam ihr doch wie gerufen!

Melissa legte sich in das grobmaschige Netz, das unter ihr schaukelte wie eine Babywiege. Sie gab sich ganz der gleichmäßigen Bewegung hin und lauschte den Vogelstimmen, die ein schwacher Windhauch vom Waldrand herübertrug. Der Ausblick auf den gestochen scharf gezeichneten Hochgrat hatte etwas zutiefst Beruhigendes an sich. Alles um sie herum versank in einem nahezu übernatürlichen Frieden, dem sich auch ihre aufgewühlte Seele nicht entziehen konnte. Sie spürte, wie sie innerlich zur Ruhe kam. In ihrem Oberschenkel zuckte ein Muskel – ein Zeichen der Entspannung, das sie sonst nur kurz vor dem Einschlafen kannte. Tatsächlich drohten ihr nach einiger Zeit die Augen zuzufallen. Noch immer schwirrte die Luft, nicht nur von der stehenden Hitze, sondern auch von zahllosen Mücken. Nur ungern gab Melissa ihr eben erst entdecktes Stückchen Paradies wieder auf, aber sie wollte nicht riskieren, an einem Tag gleich zweimal von einem tierischen Angriff überrascht zu werden.

Kati sah sie am Lift stehen und bat Melissa mit einem Wink zu sich. „Das hier ist für dich abgegeben worden“, sagte sie bedeutungsschwanger und überreichte ihr ein kleines Päckchen. Dabei grinste sie vom einen Ohr zum andern.

„Danke“, erwiderte Melissa überrascht. Sie nahm ihr das längliche Geschenk ab, das in ein edles, dunkelblaues Seidenpapier eingeschlagen war.

Ein Mann trat neben sie an den Counter und gab Kati dankend das Ladekabel zurück, das er sich bei ihr ausgeliehen hatte. Interessiert beobachtete Melissa den Vorgang.

„Ist das fürs iPhone?“, wollte sie wissen.

Kati bejahte.

„Kann ich mir das bitte auch mal ausleihen?“

„Selbstverständlich“, sagte Kati und drückte ihr das Kabel in die Hand.

Nachdem die Lifttür sich hinter Melissa geschlossen hatte, begutachtete sie das ominöse Päckchen von allen Seiten. Sie brannte vor Neugier, hielt sich aber mit dem Aufmachen zurück, bis sie in ihrem Zimmer angelangt war und die Tür hinter sich geschlossen hatte. Behutsam befreite sie die Schachtel von dem feinen Papier und wusste mit einem Mal, dass das Geschenk nur von Enrico stammen konnte. Dann versuchte er es jetzt wohl auf die altmodische Weise, dachte sie und musste schmunzeln.

Aufgeregt klappte Melissa den Deckel auf – und hielt die Luft an. In der Schachtel lag ein zierliches, weißes Lederband, an dem zwei ineinander verkeilte, silberne Häkchen hingen, die aussahen wie zwei Karabiner in Miniaturformat.

Sie bückte sich, um das cremefarbene Kärtchen aufzuheben, das beim Öffnen der Box zu Boden gefallen war. In schöner, geschwungener Handschrift stand darauf geschrieben: „Komm, lass dich fallen!“ Daneben prangte ein dicker, fetter Smiley. Lachend schüttelte Melissa den Kopf. „So siehst du aus!“

Sie legte die Geschenkschachtel auf dem Schreibtisch ab und griff nach dem Ladekabel. Unschlüssig wog sie es in der Hand, als wollte sie die Folgen ihrer Entscheidung abwägen. Vielleicht war es ja doch keine so gute Idee, ihr Handy wieder aufzuladen … Andererseits, nur weil es Strom hatte, musste sie es ja noch lange nicht benutzen! In drei Tagen fuhr sie wieder nach Hause, spätestens dann wäre es ratsam, die Mailbox zu checken. Von ihrer eigenen, überaus logischen Argumentation überzeugt, verband Melissa das Mobiltelefon mit der Steckdose.

Danach schnappte sie sich den Ratgeber und setzte sich auf den Balkon, um den warmen Sommerabend mit einem Ausblick auf den folgenden Tag zu beschließen. Doch schon nach wenigen Zeilen klappte sie das Buch wieder zu. Nicht nur, weil die hereinbrechende Dämmerung das Lesen erschwerte, sondern auch, weil ihre Gedanken immer wieder abschweiften. Still saß sie da, lauschte dem Konzert der Grillen und betrachtete den Hochgrat, der in der untergehenden Sonne rotgolden schimmerte.

Was für eine Ironie! Da hatte sie weder Qualen noch Mühen gescheut und war auf der Suche nach fließendem Gewässer bis zu den Buchenegger Wasserfällen hinabgestiegen, und wozu das Ganze? Nur um feststellen zu müssen, dass sie dort vergeblich nach Ruhe suchte! Meditativ hatte sie sich in das kühle Nass versenken wollen – und war damit gründlich Baden gegangen. Nach ihrer unliebsamen Begegnung mit den Waldbewohnern hatte sie sich schon damit abgefunden, diesmal die Tagesaufgabe nicht erfüllen zu können. Aber – wie Melissa erst jetzt bemerkte – später, bei Fons am Teich, war ihr das völlig unbeabsichtigt doch noch gelungen! Sie spürte, dass in dieser Erkenntnis eine tiefere Botschaft verborgen lag, konnte sie aber nicht greifen.

Unvermittelt musste Melissa an Toms stoische Kommentare zu ihren verpatzten Abschlägen denken. Einmal mehr hatte sie heute erlebt, dass ehrgeiziges Streben nicht ans Ziel führte, sondern den Erfolg sogar verhindern konnte! Seine weisen Worte galten offenbar nicht nur für den Golfsport, sondern fürs ganze Leben. Melissa kannte auch den Grund für ihr Versagen: Ungeduld und Übermotivation! Denn wäre sie die Sache ruhiger angegangen, hätte sie vielleicht bemerkt, dass in dem Buch nichts davon stand, wie groß das Gewässer sein sollte. Streng genommen hätte sie sich auch vor den Wasserhahn setzen können! Aber nein, Mrs. Clever musste ja unbedingt das größte, fließende Gewässer weit und breit aufspüren! Mit ihren krampfhaften Bemühungen, die Aufgabe besonders perfekt meistern zu wollen, hatte sie den Erfolg verscheucht, wie eine hektische Bewegung einen Schmetterling.

Von plötzlicher Unruhe getrieben, sprang Melissa auf und sah nach ihrem Handy. Es zeigte einen Energielevel von einhundert Prozent an. Sie löste das Telefon vom Ladekabel und wollte damit zurück auf den Balkon, aber der Anblick des traumhaft illuminierten Hotelparks brachte sie auf eine bessere Idee. Melissa zog sich das lange Maxikleid mit dem blau-grünen Batikmuster über, das sie am Samstag vor ihrer Abreise noch auf den letzten Drücker erstanden hatte, und verließ eilig das Zimmer. Das Telefon nahm sie mit.

Durch den ausgestorbenen Spa-Bereich gelangte Melissa ungesehen in den Park. Aus der Ferne erklangen Stimmen und Musik, die Hotelterrasse war nach wie vor voll besetzt. Im schummerig beleuchteten Garten hingegen konnte sie keine Menschenseele entdecken, was ihr nur recht war. Vor allem der Seele eines ganz bestimmten Menschen wollte sie vorerst lieber nicht begegnen. Mit seinem Geschenk hatte Enrico sie in Verlegenheit gebracht – und in die unangenehme Pflicht, sich bei ihm bedanken zu müssen. So, wie sie ihn einschätzte, könnte das sogar die vorrangige Absicht hinter der großzügigen Geste gewesen sein. Denn damit zwang er sie indirekt, zu ihm zu kommen. Aber den Gefallen wollte sie ihm nicht tun! Oder wenigstens noch nicht so bald.

Melissa spazierte den Kiesweg entlang, der zum Seerosenteich führte, und der alle paar Meter von einer Solarlampe spärlich beleuchtet wurde. Eine leichte Brise kam auf, wirbelte ihr den Rock um die Beine und sorgte für eine sanfte Abkühlung, die nach der Hitze des Tages wohltuend war. Gelächter tanzte durch die Dunkelheit der Nacht, die in einer Plötzlichkeit über das Gelände gefallen war, als hätte jemand das Licht ausgeknipst. Trotz der angenehmen Temperaturen kroch eine eisige Kälte über ihren Rücken, die sie nur zu gut kannte. Es war die Kälte der Einsamkeit.

Das Quaken der Frösche wies Melissa den Weg, bis sie zu der Bank am Teich fand, auf der sie früher an diesem Tage mit Fons gesessen hatte. Sie machte es sich darauf bequem, atmete noch einmal tief durch und schaltete dann ihr Telefon ein. Abwartend sah sie auf das Display und fühlte sich dabei schrecklich allein auf dieser Welt – ein Gefühl, das ihr nicht fremd war, das aber für gewöhnlich von der geschäftigen Betriebsamkeit des Alltags überdeckt wurde. Heute nicht. Heute starrte sie auf ihr Telefon und es gab niemand, von dem sie gern angerufen worden wäre. Ihr Vater hatte schon vor Jahren aufgehört, mit ihr zu reden, dafür sprach ihre Mutter umso mehr, kannte aber nur ein Thema und das war sie selbst. Ihre Schwester Kerstin meldete sich nur alle Jubeljahre mal und so etwas wie eine beste Freundin hatte Melissa auch schon lange nicht mehr. Seit acht Jahren, sieben Monaten und neun Tagen, um genau zu sein. Seit dem Tag, an dem sie vormittags entschieden hatte, sich in der Zentrale in Frankfurt zu bewerben und nachmittags erfahren, dass ihr Freund

Axel diese Neuigkeit besser aufnahm als erwartet. Wofür es eine plausible Erklärung gab, wie sie noch am selben Abend erfahren sollte: Er hatte ein Verhältnis mit ihrer besten Freundin Jasmin!

Tränenüberströmt war Melissa nach dieser Offenbarung in ihr Elternhaus zurückgelaufen und hatte den folgenschweren Fehler gemacht, ihrer Mutter ihr Herz auszuschütten. Bis auf den heutigen Tag musste sie sich anhören, dass sie doch selbst schuld sei! Was musste sie auch nach Höherem streben? War doch klar, dass Axel sich dann nach einer anderen umschauen würde, nach einer, die nicht nach den Sternen greifen wollte, sondern sich mit dem Spatz in der Hand zufrieden gab. Und so war es gekommen. Nur wenig später hatte Axel Jasmin geheiratet. Das letzte, was sie von den beiden gehört hatte, war, dass das dritte Kind unterwegs war …

Das schrille Piepen des Telefons riss Melissa aus ihren schmerzhaften Erinnerungen. Die Mailbox vermeldete den Eingang sieben neuer Nachrichten. Bei dieser Information schnürte es ihr augenblicklich die Kehle zu. Sollte sie oder sollte sie nicht? Aber was, wenn etwas Dringendes dabei war?

Mit zitternden Fingern drückte Melissa die Tasten, dann presste sie das Telefon ans Ohr. Schon bei der ersten Ansage musste sie kräftig schlucken, aber es sollte noch schlimmer kommen. Nachdem sie alle Nachrichten abgehört hatte, ließ sie bestürzt das Handy sinken. Sie stierte hinaus in die Dunkelheit, die, sobald die Augen sich erst einmal daran gewöhnt hatten, so dunkel gar nicht mehr war. Tiefblau hoben sich die Berge von dem nur um Nuancen helleren Nachthimmel ab, was Melissa unter anderen Umständen reizvoll gefunden hätte. Jetzt hatte sie dafür keinen Blick. Einzelne Tränen rollten über ihre Wangen und verwandelten sich in einen unablässigen Strom. Hilflos schlug Melissa die Hände vors Gesicht. Sie weinte lautlos, bis sie spürte, dass sie nicht länger allein war. Die Person trat näher und setzte sich wortlos neben sie. Er musste nichts sagen, Melissa wusste auch so, dass es Enrico war. Und aus unerfindlichen Gründen war sie froh, dass er da war. Schweigend legte er den Arm um ihre Schultern und zog sie behutsam an sich. Sie ließ es geschehen, bettete ihren Kopf an seine Brust und heulte, bis keine Tränen mehr kamen. Melissa wollte den arroganten Kerl nicht mögen, musste ihm aber zugutehalten, dass er über genügend Taktgefühl verfügte, seine klugen Sprüche ausnahmsweise für sich zu behalten.

Sachte strich Enrico ihr übers Haar, bis sie nur noch leise schnüffelte. „Gibt es irgendetwas, das ich für dich tun kann?“, fragte er sanft.

„Ich glaube nicht“, entgegnete Melissa und wünschte, sie könnte etwas anderes sagen. Verschämt sah sie zu ihm auf, aber sein Gesicht lag im Schatten, so dass sie nicht mehr als die Umrisse erkennen konnte. „Danke für das Halsband“, nuschelte sie undeutlich.

Er fasste sie am Kinn und dreht ihren Kopf, so dass er ihr direkt in die Augen schauen konnte, die im fahlen Mondlicht wie die schwarzen Knopfaugen eines Teddybären glänzten.

„Gefällt es dir?“, fragte er leise.

Täuschte sie sich oder schwang Unsicherheit in seinen Worten mit? „Es ist originell, auch wenn ich nicht ganz verstehe, was es bedeuten soll.“

Langsam schob sie die Hand auf seiner Brust höher, bis sic das Lederbändchen zu fassen bekam, das er um den Hals trug. Es war genau dasselbe, wie das, das er ihr geschenkt hatte, nur das seins ein wenig dicker war und schwarz.

„Was es für dich bedeutet, kannst nur du entscheiden. Mich soll es daran erinnern, dass wahre Freiheit nicht in der Einsamkeit zu suchen ist. Die größte Freiheit finde ich in der Beziehung zu einem Menschen, der mir Halt gibt und mich liebt – und mich dadurch erst wirklich frei sein lässt."

Erstaunt sah sie ihn an. „Du meinst, so ähnlich wie gestern im Klettergarten?"

„Ja, zum Beispiel. Allein hätte keiner von uns beiden den Parcours geschafft. Trotzdem glauben wir oft, niemanden zu brauchen, als ob die Verbindung zu einem anderen Menschen ein Zeichen von Schwäche wäre! Du denkst das – und ich habe es auch lange gedacht. Aber die Wahrheit ist: Ohne ein Du ist jedes Ich verloren!"

Sie wollte ihm widersprechen, wollte beharrlich darauf verweisen, dass sie ausgezeichnet allein klarkam, aber etwas in ihr weigerte sich, die Worte auszusprechen. Denn was er sagte, stimmte. Der Mensch definiert sich in seinem Gegenüber – sei es zum Guten oder zum Schlechten.

„Und du bist ganz sicher, dass ich nichts für dich tun kann?", fragte er mit belegter Stimme.

Melissa lief ein wohliger Schauer über den Rücken. Bedauernd sagte sie: „Ich wüsste nicht, was." Und fand, dass er schon mehr für sie getan hatte, als ihm vermutlich bewusst war. Denn er hatte es geschafft, zur Stelle zu sein, als sie ihn brauchte.

Sei für andere da!

Die Nacht war unruhig und kurz. Verschlafen klappte Melissa die Augen auf, blinzelte ins Halbdunkel und versuchte, die Leuchtziffern der Radiouhr abzulesen. Ihre Glieder schmerzten, der Schädel brummte und das scharfe Brennen in der Magengrube war wieder stärker geworden. Mit einem gedehnten Stöhnlaut wälzte sie sich aus dem Bett und schleppte sich ins Bad, um einen Säureblocker einzuwerfen. Sie füllte das Zahnputzglas mit Wasser und spülte die Pille hinunter, zusammen mit der bitteren Erkenntnis, dass ihr Arzt mit seiner düsteren Prognose richtiggelegen hatte. Wie von ihm vorhergesagt, hatte schon die geringste Aufregung gereicht, um einen Rückfall ihrer Beschwerden hervorzurufen. Wobei man die Hiobsbotschaften auf ihrer Mailbox wahrlich nicht als gering einstufen konnte.

Träge ging Melissa zurück zum Bett. Sie verspürte den sehnlichen Wunsch, die Augen zu schließen und selig weiterzuschlafen, vielleicht für immer. Doch daraus wurde nichts. Die Vögel sangen, als ob sie dafür bezahlt würden, vom Nachbarbalkon drangen Gesprächsfetzen herein und irgendwo im Wald ratterte eine Motorsäge. Genervt strampelte Melissa die Bettdecke weg. Sie fühlte sich nicht wohl, außerdem war ihr furchtbar heiß. Womöglich hatte sie sogar Fieber! Da an Schlaf ohnehin nicht mehr zu denken war, stand sie wieder auf, zog die Vorhänge auseinander und öffnete die Balkontür. Dann setzte sie sich aufs Bett, stopfte das Kopfkissen hinter ihren Rücken und nahm den Leuchtstift aus dem Buch, den sie als Lesezeichen verwendet hatte.

Das Motto des Tages verlangte von ihr Selbstlosigkeit, ein Begriff, der Melissa sauer aufstieß. Gemessen an der Definition in diesem Buch konnte man sie vieles nennen, aber ganz gewiss nicht selbstlos! Keines ihrer Ziele war uneigennützig oder darauf ausgerichtet, das Wohlergehen anderer zu fördern, geschweige denn, es über ihr eigenes zu stellen – wenngleich sie sich durch widrige Umständen derzeit dazu gezwungen sah.

Sofort musste Melissa an ihre Mutter denken. Zwei der unerfreulichen Nachrichten waren auf ihr Konto gegangen. In der ersten hatte sie sich lautstark darüber beschwert, dass Melissa es gewagt hatte, sie in dieser schweren Situation allein zu lassen; in der zweiten hatte sie verlauten lassen, dass sie das unsägliche Weib des Hauses verwiesen habe und Melissa sich umgehend um Ersatz bemühen möge. Damit war zweifellos Dana gemeint, die herzensgute Polin, die ihrer Mutter bei den Einkäufen und im Haushalt helfen sollte. Wenn sie daran dachte, wie schwierig es gewesen war, auf die Schnelle überhaupt jemanden zu finden, hatte Melissa wenig Hoffnung, ihrer Mutter diesen Wunsch erfüllen zu können. Und da sie selbst momentan auch nicht einspringen konnte, würde die Gute für die nächsten paar Tage wohl oder übel allein klarkommen müssen!

Die Tablette zeigte keine Wirkung, das Magenbrennen schien von Minute zu Minute stärker zu werden. Frustriert griff Melissa nach der Wasserflasche. Seit jeher war ihre Mutter eine Person, die sich bestens darauf verstand, anderen ihren Willen aufzuzwängen. Wie es schien, hatte die Krebserkrankung diesen Wesenszug dramatisch verstärkt.

Melissas Telefon stand seit Wochen nicht mehr still. Ständig fielen ihr neue Dinge ein, mit denen sie ihre Tochter auf Trab halten konnte, und obwohl Melissa sich nach Kräften bemühte, war sie doch nie zufrieden. Nie war es gut, nie war es genug, nie war es gut genug!

Mehr als einmal hatte Melissa mit dem Gedanken gespielt, ihre Anrufe einfach zu ignorieren. Aber sie war doch ihre Mutter! Und jemand, der zuverlässig dafür zu sorgen wusste, dass Melissa das nur ja niemals vergaß. „… nach allem, was ich für dich getan habe!“, pflegte sie ihre Sätze zu beenden.

Melissa konnte nicht mehr zählen, wie oft sie diese Floskel schon gehört hatte. Und mehr als eine leere Floskel war es nicht! Denn was hatte diese Frau schon groß für sie getan? Sie hatte sie ernährt und mit Kleidung und Schulsachen versorgt, ja – aber darüber hinaus? An ein Lob oder eine Umarmung konnte sie sich nicht erinnern. Denn im Leben ihrer Mutter gab es nur eine Priorität, und das war sie selbst.

Mit Schrecken erkannte Melissa, dass man das auch von ihr behaupten könnte! Auch ihre Gedanken kreisten den lieben langen Tag um sich selbst. Das fing schon am Morgen damit an, dass sie überlegte, was sie anziehen sollte, und ging auf dem Weg ins Büro weiter, wenn sie gedanklich die Termine durchging, die an diesem Tag anstanden. Und wenn es nicht der Job war, der sie beschäftigte, dann waren es ihre persönlichen Ziele. In schönster Regelmäßigkeit pendelte ihr Denken zwischen unerfüllten Träumen und ungelösten Problemen hin und her. Andere Menschen kamen darin nur in dem Maße vor, in dem sie einen Beitrag zur ihrem persönlichen

Glück leisten sollten – so wie Thomas, dem sie die Rolle des Traummanns zugedacht hatte, die er aber leider nicht hatte spielen wollen. Konnte man ihm das verdenken?

Bevor sie sich selbst den Tag verdarb noch ehe er richtig begonnen hatte, lenkte Melissa sich lieber damit ab, den Test am Ende des Kapitels zu machen. Das Resultat würde ans Licht bringen, wie es um ihre Selbstlosigkeit bestellt war. Ohne nachzudenken beantwortete Melissa die zwölf Fragen, zählte die Punkte zusammen und blätterte gespannt um. Doch das Ergebnis bestätigte nur, was sie bereits geahnt hatte: Sie war ein selbstsüchtiger Egozentriker!

Entsetzt warf sie das Buch aus dem Bett. Es landete unmittelbar neben dem Papierkorb auf dem Boden. Mit grimmiger Befriedigung lehnte Melissa sich zurück und schloss die Augen. War sie wirklich so egoistisch, wie das Testergebnis sie glauben machen wollte? Aber was war mit all ihre guten Taten, zählten die denn gar nicht? Melissa musste nicht lange überlegen, um von darauf zu kommen, dass die meisten davon keineswegs so selbstlos waren, wie sie es sich gern eingeredet hätte. Da waren zum Beispiel die kleinen Aufmerksamkeiten, die sie von Zeit zu Zeit ihren beiden Nichten zukommen ließ. Es wäre eine Lüge zu behaupten, dass sie die Mädchen beschenkte, weil sie sie mochte. Wie auch, sie war den beiden ja erst zweimal begegnet! Nein, wenn sie ehrlich war, musste sie zugeben, dass sie damit vor allem ihre Schwester beeindrucken wollte und unter Beweis stellen, dass sie sich die teuren Geschenke leisten konnte. Und vielleicht auch, weil sie insgeheim darauf hoffte, Kerstin würde davon ihrem

Vater erzählen, der daraufhin stolz auf sie sein würde, wenigstens ein ganz kleines bisschen …

Melissa öffnete die Wasserflasche und trank sie leer. Es half alles nichts, sie musste sich der unbequemen Wahrheit stellen. Wenn Selbstlosigkeit gleichbedeutend damit war, ein Opfer zu bringen und freiwillig zugunsten einer anderen Person auf etwas zu verzichten, dann war sie meilenweit davon entfernt. So gesehen konnte sie sich nicht einmal mehr damit rühmen, dass sie sich um ihre Mutter kümmerte, denn auch das tat sie alles andere als freiwillig und mit Freude schon mal gar nicht!

Wie lautete noch gleich die Tagesaufgabe? Melissa beugte sich über die Bettkante und steckte sich nach dem Buch aus. Bringen wir es hinter uns, dachte sie und schlug das fünfte Kapitel auf. *Mach heute mit einer selbstlosen Tat einen anderen Menschen glücklich!* Mürrisch rümpfte sie die Nase. Wie sollte sie das anstellen? In einem Ort, in dem es nicht einmal eine Ampel gab, an der sie einem alten Mütterchen über die Straße helfen könnte? Und wozu genau sollte das gut sein? Sie wollte ihren eigenen Stress loswerden – und sich nicht auch noch mit den Problemen anderer belasten!

Beim Frühstück, das ihrem Magen zuliebe lediglich aus einem Schüsselchen Haferflocken und einem Klecks Joghurt bestand, sah Melissa Gudrun von Tisch zu Tisch eilen, wie eine Biene von Blume zu Blume. Das brachte sie auf einen genialen Einfall, wie sie die geforderte Tagesleistung vielleicht doch erbringen könnte: Sie würde Amor spielen und Gudrun mit Fons verkuppeln! Die Aussicht auf diese uneigennützige Beschäftigung hob augenblicklich ihre Stimmung. Von ihrer Idee richtiggehend beflügelt, stand Melissa auf, ging ans Büffet und lud sich ungeachtet der schmerzhaften Folgen eine extragroße Portion Obst auf den Teller. Jetzt erst recht, gelobt sei, was hart macht!

Gudrun liebte ihre allmorgendliche Runde durch den Speisesaal, die zu einem festen Ritual in ihrem Tagesablauf geworden war. Hier erkundigte sie sich nach dem Wohl ihrer Gäste, dort erteilte sie Tipps zur Tagesgestaltung und überall versicherte sie sich persönlich, dass jeder Hotelgast zufrieden war. Seit sie nach Herberts Tod die Geschäftsleitung übernommen hatte, war sie selbst nicht mehr aktiv im Service tätig, diese halbe Stunde am Morgen ihr deshalb ein echtes Herzensanliegen. Es war die einzige Zeit, die ihr geblieben war, um den persönlichen Kontakt mit ihren Gästen zu pflegen.

Oberflächlich betrachtet schien an diesem Tag alles wie immer. Nur wer genauer hinsah, konnte bemerken, dass Gudrun etwas bedrückte. Ihr Lachen war weniger natürlich als sonst, ihr Blick rastlos, ihre Bewegungen fahrig. Bis sie bei Melissas Ecktisch ankam, wirkte sie abgeschlagen und matt und tat etwas, das sie bis dahin noch niemals getan hatte: Sie setzte sich zu ihr.

„Guten Morgen, Gudrun, was ist mir dir? Brauchst du einen Arzt?“ Besorgt sah Melissa ihre Gastgeberin an und legte den Löffel beiseite. Trotz der sommerlichen Bräune war Gudrun käsebleich im Gesicht und hatte jeglichen Schwung verloren.

„Danke, es geht schon! Ich muss nur einen Moment verschnaufen, diese Hitze schafft mich!“

Gudrun versuchte ein Lächeln, aber es wirkte aufgesetzt. „Entschuldige bitte, ich wollte dich wirklich nicht beim Frühstück stören!“

„Das tust du nicht, im Gegenteil, ich freue mich über ein bisschen Gesellschaft!“, widersprach Melissa und lächelte die sympathische Frau an.

Eine junge Servicekraft im rosa Dirndl kam vorbei, um Melissa zu fragen, ob sie noch Tee wolle.

„Vielen Dank, ich bin versorgt, aber Gudrun könntest du ein Glas Wasser bringen“, sagte Melissa aufmerksam, worauf die Hotelchefin ihrer jungen Mitarbeiterin dankbar zunickte. Wer hätte gedacht, dass das mit der Selbstlosigkeit so einfach werden würde? Zufrieden nippte Melissa an ihrer Teetasse.

„Einen Hotelbetrieb dieser Größe zu führen, stelle ich mir sehr herausfordernd vor“, suchte sie einen Gesprächsanfang und stellte ihre Tasse ab. Melissas Strategie ging auf, Gudrun stieg auf das Thema ein.

„Da sagst du was! Früher, als mein Mann noch gelebt hat, war alles viel einfacher. Aber seit Herbert nicht mehr da ist …“ Sie brach ab, sammelte sich und fuhr dann fort. „Das kam damals ja völlig überraschend, er ist einfach zusammengeklappt, wenige Stunden später war er tot. Ich bin bis zum Schluss bei ihm geblieben, aber die Ärzte haben ihm nicht mehr helfen können. Und dann stand ich da. Allein, in der Trauer und mit diesem riesigen Klotz am Bein!“

Ihre Worte trafen Melissa unerwartet tief, unkontrolliert kamen ihr die Tränen.

„Schätzchen, nicht doch!“, sagte Gudrun und griff schnell nach Melissas Hand. „Schau, das ist schon fünf Jahre her, ich bin immer noch da und das Hotel steht auch noch!“, zwang sie sich zu Zweckoptimismus und rang sich ein Lächeln ab.

Melissa nickte, schnieft und tupfte sich mit den Fingern die Tränen von den Wangen. „Tut mir leid, ich weiß auch nicht, was zurzeit mit mir los ist“, sagte sie entschuldigend. Schweigend hielt Gudrun ihre Hand fest und sah sie abwartend an. „Wahrscheinlich hängt das mit meiner Mutter zusammen, sie hat Krebs“, erklärte Melissa. Und eh sie sich`s versah, war sie mitten im Erzählen.

„Seit mein Vater uns verlassen hat, haben sie und ich kein allzu gutes Verhältnis mehr.“ Melissa stockte, beschloss, den Ehebruch ihrer Mutter unerwähnt zu lassen und sprach weiter. „Dass ich nach Frankfurt gegangen bin, hat sie mir nie verziehen. Dadurch brach der Kontakt fast ab, bis sie mich vor ein paar Wochen aus heiterem Himmel angerufen hat, um mir zu sagen, dass sie sterben wird.“ Melissas Augenlider flatterten, es fiel ihr schwer, darüber zu sprechen. Sie überspielte die kleine Unsicherheit damit, dass sie nach dem Kännchen griff und Tee nachschenkte, obwohl der längst kalt geworden war.

„Es war für sie selbstverständlich, dass ich mich um alles kümmere, weil meine ältere Schwester Kerstin bei meinem Vater in Berlin lebt. Außerdem ist sie inzwischen verheiratet und hat zwei Kinder – da kann man das natürlich unmöglich von ihr verlangen!“ Melissa hörte den verbitterten Ton in ihrer Stimme, konnte aber nichts dagegen tun. Es war so ungerecht!

„Und, bist du ihrer Bitte nachgekommen?“, fragte Gudrun teilnahmsvoll und nahm einen Schluck von ihrem Wasser, das das junge Serviermädel ihr soeben diskret hingestellt hatte.

„Selbstverständlich. Was hätte ich auch sonst tun sollen? Sie ist trotz allem meine Mutter!"

„Und wie geht es ihr jetzt?"

„Jetzt?" Melissa schnaubte. „Prächtig geht es ihr! Ja, sie hatte Brustkrebs, aber sie war längst nicht so sterbenskrank, wie sie mir gegenüber getan hat! Der Tumor konnte problemlos entfernt werden. Danach sollte sie eigentlich zur Erholung in Reha fahren, aber die wurde leider nicht bewilligt. Also ist sie daheim geblieben – sie hat ja mich!" Melissa rollte mit den Augen. „Mindestens zweimal die Woche fahre ich nach der Arbeit zu ihr. Ich hab sie in der Klink besucht, mich um den Verwaltungskram gekümmert, ihre Wohnung durchgeputzt und ihr eine Haushaltshilfe organisiert. Und was macht sie? Wirft die Frau einfach raus, angeblich, weil sie sich nicht mit ihr unterhalten konnte! Dabei sollte die doch putzen, nicht quatschen!" Melissa hatte sich in Rage geredet. Nur gut, dass sich der Speisesaal mittlerweile fast geleert hatte.

„Meine Güte, da hast du aber auch ein Päckchen zu tragen!", sagte Gudrun verständnisvoll. „Leider weiß ich nur zu gut, wovon du redest. Mir wächst das Hotel allmählich auch über den Kopf, mein Herbert fehlt mir hinten und vorne! Ich bin für so viele Dinge gleichzeitig verantwortlich, von denen ich so gut wie keine Ahnung habe – er war doch das Finanzgenie, ich war immer nur für die Gäste da!"

Sag es, ermutigte Melissa sich im Stillen. Sei selbstlos und sag ihr, dass du ihr helfen kannst! Doch sie blieb verstockt wie ein Goldfisch im Glas und brachte keinen Ton über die Lippen.

„Gütiger Himmel, siehst du, so weit ist es gekommen, jetzt jammere ich sogar schon unsere Gäste voll! Bitte entschuldige vielmals“, sagte Gudrun mit gequältem Gesichtsausdruck. „Dabei bist du doch hier, um dich zu erholen! Und nach allem, was du erzählt hast, hast du das auch dringend nötig!“ Schnell stand sie auf und verabschiedete sich.

Wie betäubt sah Melissa ihr nach. Sie dachte an die grauen Herren, die ihr vor dem Haupteingang begegnet waren, und musste nur eins und eins zusammenzählen, um zu wissen, dass das Hotel vermutlich kurz vor dem Verkauf stand. Ein renommiertes Haus, liebevoll und persönlich geführt, das seit drei Generationen in Familienbesitz war – und das jetzt von irgendeiner unpersönlichen Hotelkette geschluckt werden würde. Und sein Charme und die familiäre Herzlichkeit mit ihm. Und sie war womöglich der einzige Mensch, der das verhindern könnte …

Melissa wollte nicht darüber nachdenken, nicht jetzt. Sie erhob sich, um nach oben auf ihr Zimmer zu gehen. Sollte ihr Verdacht allerdings stimmen, war Gudrun weit davon entfernt, an ein romantisches Tête-à-Tête mit Fons zu denken. Wenn sie die beiden zusammenbringen wollte, musste sie unbedingt mehr über sie herausfinden, dachte Melissa und steckte ihre Zugangskarte in den Türöffner. Aber aus Gründen, die ihr verborgen waren, schien Gudrun Fons konsequent zu meiden und kein Wort mit ihm zu wechseln, und wenn, dann nur das nötigste, worunter der alte Knabe ganz offensichtlich furchtbar litt.

Mit grüblerischer Miene durchschritt Melissa das

Zimmer, das in ihrer Abwesenheit vom Room Service aufgeräumt worden war, und trat hinaus auf den Balkon. Man müsste die beiden in eine unausweichliche Situation bringen, in der sie dazu gezwungen waren, sich auszusprechen. Ihr Blick blieb am Hochgrat hängen und sie dachte an die Gondelbahn, die sie im Prospekt gesehen hatte. So eine Gondel wäre dafür ideal, aber wie sollte sie Gudrun und Fons unabhängig voneinander dazu bewegen, in ein und dieselbe Gondel zu steigen? Sofort verwarf Melissa den Gedanken wieder, zumal sie Fons heute noch gar nicht gesehen hatte. Aber vielleicht war das ja ein Ansatzpunkt.

Sie wollte es zuerst im Café am Golfplatz versuchen, wo Fons eigenen Aussagen zufolge regelmäßig auf einen Espresso vorbeischaute, fand aber, dass es nicht schaden konnte, ihre Kleidung den örtlichen Gepflogenheiten anzupassen. Das war zum einen weniger auffällig, zum anderen täte sie ohnehin gut daran, noch die eine oder andere Trainingseinheit einzulegen, wenn sie am Sonntag ein Turnier spielen wollte. Und das am besten nicht nur auf der Driving Range, sondern direkt auf dem Platz. Aber vor diesem Schritt schreckte Melissa derzeit noch zurück.

Sie schlüpfte in ihre tintenblauen Shorts und wählte dazu ein lindgrünes, ärmelloses Poloshirt. Zusammen mit den weißen Golf-Sneakers sah das richtig sportlich aus. Melissa kramte eine Handvoll Euros aus der Geldbörse und packte sie mit Lipgloss, Handy und Sonnenbrille in die kleine, quadratische Umhängetasche mit dem Wiesenblumenmuster, die ihr schon bei ihrer Ankunft ins Auge gefallen war.

Nachdem sie gefühlte hundert Mal an dem Drehständer vor der Hotel-Boutique vorbeigegangen war, hatte sie an diesem Morgen nicht länger widerstehen können und war hineingegangen, um das ebenso hübsche wie praktische Stück zu erstehen. Die 189 Euro ließ sie der Einfachheit halber auf die Rechnung setzen, darauf kam es jetzt auch nicht mehr an.

Mit einem letzten Rundumblick vergewisserte sich Melissa, dass sie nichts Wichtiges vergessen hatte, dann machte sie sich auf den Weg zum Golfplatz. Doch sie sollte nicht weit kommen, schon auf dem Flur wurde sie aufgehalten.

Während Melissa auf den Lift wartete, kam plötzlich Enrico auf sie zu. Betont lässig schlenderte er den Gang entlang als wäre er ein Laufsteg. Fehlte nur noch, dass er am Ende eine Pose machte. Enrico erreichte sie just in dem Moment, in dem der Aufzug ankam und die Tür aufging.

„Bitte, nach dir!“, sagte er mit einer höflichen Handbewegung.

Wortlos trat Melissa ein und stellte sich so dicht wie möglich an die Kabinenwand. Seine Nähe war ihr unerträglich, der gestrige emotionale Ausbruch im Nachhinein furchtbar peinlich. Erschwerend kam hinzu, dass er wieder so unverschämt gut roch …

„Wie geht`s dir heute?“, bemühte er sich um belanglose Konversation.

„Bestens, danke!“, sagte sie kurz angebunden und verlagerte ihren Körperschwerpunkt vom einen Bein aufs andere.

Enrico erwiderte nichts. Gekonnt hob er die linke Augenbraue und schenkte Melissa einen mehr als skeptischen Blick. Er glaubte ihr kein Wort. Sie spielte Fräulein Unnahbar und ließ ihn auflaufen – wäre ja auch zu einfach gewesen, wenn ein einziger Moment der Schwäche ausgereicht hätte, um das Blatt zu seinen Gunsten zu wenden. Meinetwegen, dachte er, den Spaß kannst du haben!

„Und, steht wieder eine Golfstunde an?“, fragte er neugierig und musterte sie von Kopf bis Fuß.

Melissa schüttelte Kopf, dachte aber, dass es nicht schaden könnte, sich ein Alibi zu verschaffen. „Nur ein paar Übungsbälle“, sagte sie daher leichthin.

Mit einem Ruck hielt der Aufzug an und die Tür ging auf. Enrico ließ ihr den Vortritt, war aber sofort wieder an ihrer Seite. „Falls du Lust hast, die Gegend zu erkunden, darfst du dich gern vertrauensvoll an mich wenden!“, bot er großzügig an.

„Danke, ich komm schon klar“, entgegnete Melissa unterkühlt und hoffte, ihn mit ihrer abweisenden Art loszuwerden, um sich in Ruhe der Tagesmission widmen zu können.

Doch so leicht ließ Enrico sich nicht abwimmeln. „Wie du meinst. Aber wenn ich du wäre, würde ich mir das Angebot nicht entgehen lassen. Vergiss nicht, dass ich seit Jahren regelmäßig hierherkomme und ein paar sehr schöne Ecken kenne, die die Einheimischen einer Touristin niemals verraten würden“, prahlte er. „Aber für dich würde ich eventuell eine Ausnahme machen.“

Melissa setzte ihre Sonnenbrille auf, überquerte den Parkplatz und betrat den gekiesten Fußweg, der zum Golfclub hinunter führte. Dabei beschleunigte sie ihren Schritt, so dass Enrico Mühe hatte, mit ihr mitzuhalten.

Natürlich würde sie niemals auf sein aufdringliches Angebot eingehen, aber etwas daran war dann doch interessant. „Und du steigst wirklich jedes Mal im Hofgut ab?“, fragte sie und blieb so abrupt stehen, dass Enrico sie fast über den Haufen gerannt hätte.

„Hoppla“, sagte er und trat ausweichend zur Seite. „Ja, klar, immer! Es gibt zwar eine ganze Reihe hervorragender Hotels in Oberstaufen, aber zum Hofgut habe ich – nun ja, sagen wir, eine enge persönliche Bindung.“

„Dann kennst du die Gudrun wohl ziemlich gut?“

Er versuchte ihrem Gesicht abzulesen, worauf diese Frage abzielen könnte, aber Melissas Miene war versteinert wie die eines Pokerspielers. „Mehr als nur gut“, bestätigte er.

„Den Fons auch?“

Jetzt wurde er stutzig. „Den kenn ich schon ewig! Aber wieso willst du das alles wissen?“

„Och, nur so“, entgegnete Melissa.

Sie biss sich auf die Unterlippe, was bei ihr, wie Enrico schon beobachtet hatte, ein klares Zeichen für Unsicherheit war. Entschlossen baute er sich vor ihr auf, stemmte die Hände in die Hüften und blickte ihr streng in die Augen. „Los, raus mit der Sprache! Was soll die Fragerei?“

Sie zögerte kaum merklich, bevor sie sagte: „Das weiß ich selbst noch nicht so genau. Ich hab nur das Gefühl, dass die zwei irgendetwas miteinander verbindet.“

Argwöhnisch kniff Enrico die Augen zusammen. „Dass der Fons total auf die Gudrun abfährt, das sieht ja wohl ein Blinder mit dem Krückstock! Und nach allem, was ich gehört habe, ist das schon immer so gewesen. Aber erst seitdem vor zwei Jahren seine Frau gestorben ist und er das Unternehmen an seinen Sohn übergeben hat, lungert er ständig beim Hotel herum – und am Golfplatz, dabei spielt er nicht mal Golf!“

Melissa war baff. „Der Fons ist Unternehmer? So sieht der aber gar nicht aus!“

„Zumindest war er mal einer, er hatte ein Busunternehmen.“ Enrico verschränkte die Arme vor der Brust. „Aber verstehe ich dich richtig? Du willst die Gudrun mit dem Fons verkuppeln?“ Ungläubig sah er sie an.

„Pst! Nicht so laut!“, zischte Melissa warnend. Sie sah sich um und zerrte ihn hinter einen Busch, was Enrico sich freudig gefallen ließ. „So viel ich bisher mitbekommen habe, scheinen die beiden sich zu mögen, finden aber keinen Weg zueinander! Ist das nicht tragisch? Denen muss doch geholfen werden!“

Fasziniert sah Enrico sie an. Diese Frau steckte voller Überraschungen. „Spitzenidee, ich bin dabei!“

Melissa teilte seine Begeisterung nicht, fand aber, dass es nichts schaden konnte, einen Verbündeten mit Insiderwissen an ihrer Seite zu haben. Großzügig sah sie über seine unerwünschte Einmischung hinweg und weihte ihn mit wenigen Sätzen in ihre Überlegungen ein, Gudrun und Fons auf engstem Raum zusammenzubringen und sie so zu einer Aussprache zu zwingen.

Nachdenklich kratzte Enrico sich am Hinterkopf. „Das ist ein cleverer Gedanke, aber so, wie ich die beiden kenne, klappt das nie!“

„Und wieso nicht?“, fragte Melissa aufmüpfig.

„Weil das zwei sehr kluge und lebenserfahrene Menschen sind, die sich nicht so leicht hinters Licht führen lassen!", sagte er im Brustton der Überzeugung.

Melissa schob die Unterlippe vor und schmollte. „Das werden wir ja sehen!"

Ein schelmisches Grinsen überzog Enricos Gesicht. „Na gut, wenn du darauf bestehst, dann lass es uns versuchen. Aber ich wette, dass sie nicht darauf reinfallen werden!"

„Werden sie doch!" hielt Melissa energisch dagegen. „Worum wetten wir?"

„Wenn ich gewinne, machst du mit mir einen Ausflug!" Enrico sah sie herausfordernd an.

„Und wenn ich gewinne?"

„Mach ich mit dir einen Ausflug!" Er grinste.

„Haha! Sehr witzig!"

„Also gut, dann darfst du dir eben von mir was wünschen!", lenkte er ein.

Ihre Augen leuchteten gefährlich auf und Enrico war fast sicher, dass ihr Wunsch ihm nicht gefallen würde. „Einverstanden!", sagte sie.

„Sehr gut! Und ich weiß auch schon, wo wir die zwei hinlocken!" Er beugte sich vor und wisperte ihr etwas ins Ohr.

Melissa riss die Augen auf und fing an zu lachen. „Perfekt! Jetzt müssen wir sie nur noch dazu bringen, uns in die Falle zu gehen!"

Der Übermut stand ihr ins Gesicht geschrieben und Enrico war versucht, das zauberhaft aufregende Wesen niederzuknutschen. Gemach, gemach, mahnte er sich selbst zur Geduld und verschob dieses Unterfangen auf später. Zuvor musste er sie darin unterstützen, ihre Tagesaufgabe zu erfüllen. Denn blitzartig war ihm aufgegangen, woher Melissas plötzliches Interesse an den beiden rührte: Sie folgte strikt dem Wochenplan seines Buches! Was in seinen Augen vollkommen absurd war. Denn obwohl er selbst derjenige war, der den Anti-Stress-Ratgeber geschrieben hatte, und er das Buch nach demselben Strickmuster abgefasst hatte wie seine sechs Vorgänger, konnte er sich nicht an die Vorstellung gewöhnen, dass es tatsächlich Leute gab, die seine Tipps ernst nahmen und das Programm gewissenhaft umsetzten.

„Pass auf, wir machen das folgendermaßen", sagte er und begann ihr darzulegen, wie sie die Sache seiner Meinung nach angehen sollten.

Melissa fand seinen Vorschlag praktikabel und willigte ein. Sie ging sogar so weit, ihm ihre Mobilnummer anzuvertrauen, nur für alle Fälle!

Mit einem genüsslichen Grinsen im Gesicht tippte Enrico die Zahlen in sein Handy ein, hocherfreut, dass er auf Umwegen doch noch zum Ziel gekommen war. Denn trotz intensiver Recherche war es ihm bislang nicht gelungen, ihre Nummer ausfindig zu machen. Er schickte Melissa seine Kontaktdaten, danach trennten sich ihre Wege – aber nur vorübergehend.

Sie hätte auf ihr Bauchgefühl hören sollen! Wütend drehte Gudrun sich um und starrte aus dem Fenster, was zwecklos war, weil es nichts zu sehen gab. Das Fenster war blind und überdies dicht von Efeu überwuchert. Es war ihr doch gleich komisch vorgekommen, als Enrico plötzlich vor ihr gestanden und irgendwas von einer Maus gefaselt hatte! Könnte aber auch eine Ratte sein, hatte er gemeint, besonders gut kenne er sich mit dem Viehzeug nicht aus. So aufgelöst hatte sie ihren Neffen noch nie erlebt und das wegen eines harmlosen, kleinen Nagers. Natürlich hatte sie sofort nach dem Telefonhörer gegriffen, um Kati zu bitten, sie möge den Gärtner einschalten, aber Enricos geheimnisvolles Getue hielt sie davon ab.

„Ich glaube, es ist wirklich besser, wenn du dich selbst der Sache annimmst“, hatte er mit ernstem Blick gesagt und ihr damit indirekt zu verstehen gegeben, dass es andernfalls sowohl für sie als auch für das Hotel peinlich werden könnte. Mäuse im alten Pavillon, pah!

„Gudrun, bitte! Jetzt reg dich doch nicht so auf!“, bat Fons und wollte hinter sie treten, aber mit einer unwirschen Handbewegung wehrte sie ihn ab.

„Du sei mal lieber ganz still! Wenn man genau hinschaut, war das bestimmt alles deine Idee!“, rief sie aufgebracht.

„Ich hatte keine Ahnung, ich schwöre!“, beteuerte er.

Bockig schob Gudrun das Kinn vor, wandte sich aber nicht um. Musste sie auch gar nicht, denn im Spiegelbild des schmutzigen Fensters konnte sie Fons sehen, wie er treuherzig die Hand zum Schwur hob. Allem Ärger zum Trotz hätte sie bei diesem herzigen Anblick beinahe gelacht.

„Ich bin doch auch nicht freiwillig hier!“, rechtfertigte er sich. „Melissa hat mich nach einer Rolle Bast gefragt und da hab ich gesagt, soweit ich weiß, bewahrt der Gärtner im Pavillon welchen auf. Und gut erzogen, wie ich nun mal bin, hab ich mich angeboten, ihr die Rolle zu holen!“

„Pffft“, machte Gudrun herablassen. Sie hatte die

Szene direkt vor Augen, wie sich der alte Kindskopf von der hübschen, jungen Frau einlullen ließ. Und auf so etwas fiel der herein! „Hat sie dir auch gesagt, wozu sie den Bast braucht?“

„Nein, aber danach hab ich sie ja auch nicht gefragt“, musste Fons eingestehen.

Ruckartig drehte Gudrun sich nun doch um und sah ihm fest in die Augen. „Und jetzt?“

Fons stockte der Atem. Er wusste, dass das Mädel die schönsten, blauen Augen im ganzen Allgäu hatte, aber es war Jahrzehnte her, dass er diesen tiefen Blick aus unmittelbarer Nähe genießen durfte.

„Ich …, ähm …, ich weiß nicht …“, stammelte er.

Er war alt geworden. Gudrun betrachtete ihn eingehend. Alt und faltig, aber dadurch nicht weniger attraktiv. Sein Gesichtsausdruck war noch genauso verschmitzt wie damals. Und auch die Grübchen in seinen Wangen waren unverändert und jetzt, da er lächelte, vertieften sie sich sogar noch. Ihre Knie drohten zu versagen. Suchend tastete sie rückwärts nach Halt und bekam die Kante eines alten Tischs zu fassen. Eisern klammerte sie sich daran fest, während sie Fons weiter unverwandt in die Augen sah.

Er räusperte sich und nahm allen Mut zusammen. „Willst du mir nicht endlich sagen, was damals passiert ist? Von einem Tag auf den andern hast du kein Wort mehr mit mir gewechselt! Aber vielleicht verrätst du mir ja jetzt, warum?“ Sein Blick war flehentlich und lief über von all dem Schmerz, den er jahrzehntelang mit sich herumgetragen hatte.

Sie holte Luft und atmete langsam und hörbar wieder aus. Was passiert war? Das fragte er aber nicht im Ernst, oder? Gudrun spürte, wie sie am ganzen

Körper zu zittern begann. „Weil du nicht da warst, als ich dich gebraucht hätte! Damals nicht, und nachdem der Herbert gestorben war, auch nicht!“, stieß sie verbittert hervor.

„Du hast mit mir Schluss gemacht, wenn ich dich daran erinnern darf!“, verteidigte er sich.

„Ja, aber doch nur, weil … Also, das war doch gar nicht so gemeint! Aber du, du hattest nichts Besseres zu tun, als gleich mit der nächsten in die Kiste zu springen!“

Ihre Worte enthielten so viel Zündstoff, dass Fons nicht damit hinterher kam, die Lunten zu sortieren.

„Was soll das heißen – es war nicht so gemeint? Du hast mich rausgeworfen und mir gesagt, dass du mich nie wiedersehen willst! Wie hätte ich das denn sonst verstehen sollen?“ Seine Hände öffneten und schlossen sich unkontrolliert, er hatte das Gefühl, jeden Moment innerlich zu bersten. Zu seinem Entsetzen schlug Gudrun die Hände vors Gesicht als wolle sie losheulen, hatte sich aber Gott sei Dank sofort wieder im Griff.

„Eigentlich war ja die Uschi an allem schuld“, sagte sie leise.

„Meine Frau? Was soll die denn damit zu tun haben?“ Verstört schaute er sie an.

„Die war doch damals mit dem Dieter zusammen. Und im Gegensatz zu dir hat der ihr zu jeder Verabredung Blumen mitgebracht. Wie ich zu ihr gesagt hab, dass ich mir das von dir auch mal wünschen würde, hat sie nur gelacht – und gemeint, ich müsst halt weniger nett zu dir sein! Und dass man als Frau den Mann immer in der Ungewissheit lassen müsse, damit er nicht aufhört, um einen zu werben.“

Gudrun schüttelte den Kopf über ihre eigene Naivität. „Und ich dumme Kuh hab das geglaubt!“

Fons zog einen alten, verstaubten Hocher heran, er musste sich setzen. „Das soll meine Frau gesagt haben?“

Gudrun nickte.

Diese Neuigkeit musste er erst einmal verdauen. Das erklärte so manches. Zum Beispiel, warum er bis auf den heutigen Tag nicht sicher sagen konnte, ob Uschi ihm treu gewesen war. Fassungslos sah er auf. „Aber das würde ja bedeuten, dass du gar nicht mit mir Schluss machen wolltest? Sondern mir bloß einen Denkzettel verpassen!?“

Wieder nickte Gudrun und sah ihn dabei unglücklich an. „Ich dachte, wenn ich mich ein bisschen kratzbürstig gebe, würde dich das dazu bringen, mir den Hof zu machen! Und was machst du?!“

Fons erschauderte, als ihm die Tragweite seiner Entscheidung bewusst wurde. Und er hatte gedacht, sie wollte ihn nicht mehr! „ … und ich Hirsch wusste nichts Gescheiteres, als am Abend auf den Faschingsball zu gehen, ordentlich einen über den Durst zu trinken und eine andere zu schwängern!“ Reue war ein zu kleines Wort für das, was er in diesem Augenblick empfand.

„Du kannst dir im Traum nicht vorstellen, wie schrecklich das für mich war! Und dann auch noch ausgerechnet die Uschi! Dabei war die doch mit dem Dieter zusammen!“

„Ach, der Dieter! Der hat ihr recht schön getan, aber geliebt hat er sie nie! Und wie sie ihm den Seitensprung gebeichtet hat, hat er sie fallenlassen wie eine heiße Kartoffel!"

„Wundert dich das? Du hättest doch auch keine Frau geheiratet, die von einem andern schwanger ist!", hielt Gudrun dagegen.

Fons stand auf. Er lief in dem kleinen, stickigen Raum auf und ab, bis er erkannte, dass sie gekommen war, die Stunde der Wahrheit.

„Doch. Der Jürgen ist nämlich gar nicht mein Sohn. Die Uschi war schon schwanger – vom Dieter!" Schwer wie ein Kartoffelsack ließ er sich nach dieser Eröffnung wieder auf den Hocker plumpsen.

„Der Jürgen ist gar nicht von dir?" Alles um sie herum begann sich zu drehen. Gudrun klammerte sich an den alten Gartentisch wie an einen Rettungsring. „Aber – weshalb hast du sie denn dann geheiratet?"

„Das wusste ich zu der Zeit doch gar nicht!", brach es aus Fons heraus. „Einmal ist mir der Gedanke sogar gekommen, ich glaube, es war an seinem zehnten Geburtstag. Da hab ich die Uschi darauf angesprochen, aber sie hat es vehement abgestritten und mich alles geheißen! Erst auf dem Totenbett, da hat sie es mir dann gesagt." Er stützte die Hände auf den Knien ab und schüttelte traurig sein graues Haupt. „Kannst du dir vorstellen, wie ich mich gefühlt habe? Sie hat mich jahrelang betrogen! Und das doppelt, nicht nur um meinen Sohn, sondern auch um dich! Um unser Glück!" Tränen des Kummers schimmerten in seinen hellen Augen.

Gudrun nahm alle Kraft zusammen, löste sich vom Tisch und stellte sich vor ihn. Sanft legte sie eine Hand an seine Wange. Fons schmiegte sein Gesicht hinein und griff zugleich nach ihrer anderen Hand.

„Wenn ich das gewusst hätte …“, murmelte Gudrun voller Bedauern.

Er sah zu ihr auf. „… dann hättest du den Herbert nicht so schnell geheiratet?“

Ratlos zuckte sie mit den Schultern. „Schwer zu sagen. Du warst jung, unstet und ständig unterwegs. Er war ein paar Jahre älter, aber dafür zuverlässig und immer für mich da.“

„Und? Bereust du es?“

Sie überlegte kurz, dann schüttelte sie den Kopf. „Nein, wir hatten eine gute Zeit.“

„Und ihr habt den Basti“, sagte Fons, führte ihre Hand an den Mund, schloss die Augen und küsste sie zärtlich.

„Fons?“

Er machte die Augen wieder auf. „Ja?“

„Der Basti ist dein Sohn.“

„Ich weiß.“

„Du weißt es?“ Gudrun wurde schwindlig, sie drohte umzufallen. Das konnte Fons noch knapp verhindern, indem er sie mit beiden Armen umschloss und auf seinen Schoss zog. „Seit wann weißt du es?“, fragte sie atemlos.

„Kann ich dir nicht genau sagen. Schon länger. Guck ihn dir doch an, der Junge ist mir wie aus dem Gesicht geschnitten!“

Damit hatte er allerdings Recht. Liebevoll strich Gudrun ihm durch das dichte, graue Haar.

„Weißt du“, begann er sich zu erklären, „dass mein Schwiegervater einen Betrieb hatte, kam mir nicht ungelegen, aber ein Unternehmer ist trotzdem nie aus mir geworden. Bei uns war die Uschi der Finanzminister, ich bin lieber am Berg herumgekraxelt oder hab kaputte Motoren repariert." Er grinste.

„Das kommt mir bekannt vor. Und ich hatte schon gehofft, du könntest mir vielleicht mit den Finanzen helfen, mein Basti kommt da nämlich leider ganz nach seinem Vater!" Sie lachte und raufte ihm liebevoll durchs Haar.

„Wenn ich geahnt hätte, dass du auch schwanger warst …" Betrübt senkte er den Kopf.

„Hättest du dich dann anders entschieden?"

„Wer weiß", sagte Fons. „Es ist müßig, darüber nachzudenken, was vorbei ist, ist vorbei. Aber ich weiß, wie ich mich jetzt gern entscheiden würde …"

Übermütig kniff Gudrun ihn in die Wange und sagte: „Darüber reden wir später! Jetzt kannst du erst einmal deine handwerklichen Qualitäten unter Beweis stellen und uns hier rausbringen!"

„Nichts leichter als das!" Fons schob Gudrun von seinen Knien und ging zu einem Regal auf der anderen Seite des Raums. Er stellte sich auf die Zehenspitzen und holte eine alte, angerostete Blechdose herunter. Grinsend nahm er einen Schlüssel heraus.

„Du bist mir schon so einer!", rief Gudrun empört, musste dann aber doch lachen.

Vergnügt bummelte Melissa durch den verträumten Kurort. Sie freute sich diebisch darüber, Enrico wieder einmal erfolgreich entwischt zu sein.

Wie vereinbart, hatten sie Gudrun und Fons unabhängig voneinander in den alten Gartenpavillon gelockt. Von ihrem Logenplatz auf dem Balkon aus konnte Melissa mitverfolgen, wie die beiden ihnen in die Falle gegangen waren. Zuerst war Gudrun gekommen. Mit einem Ruck riss sie die sperrige Tür auf und ging hinein. Nur wenige Sekunden später tauchte Fons auf und verschwand ebenfalls im Innern des sechseckigen Gebäudes. Daraufhin sperrte Enrico blitzschnell die Tür ab und hielt triumphierend den Schlüssel in die Höhe, ehe er ihn in seine Hosentasche geleiten ließ. Als Zeichen ihrer Anerkennung reckte Melissa den Daumen in die Luft, ihr überlegenes Grinsen hatte jedoch einen anderen Grund.

Denn noch während Enrico durch den Garten ins Haus eilte und zwei Treppen auf einmal nehmend auf dem Weg zu ihr war, hatte Melissa seelenruhig den Aufzug genommen und war nach unten gefahren, wo sie auf dem Weg zum Ausgang an der Rezeption vorbeikam.

Kati hatte aufgeblickt, Melissas Golf-Outfit registriert und ihr „Gutes Spiel!“ gewünscht.

„Danke!“ hatte Melissa fröhlich gerufen und ihr zum Abschied zugewinkt, ehe sie gutgelaunt das Hotel verlassen hatte – allerdings nicht etwa, um zum Golfplatz zu gehen, sondern zum Parkplatz! Dort war sie in ihren Wagen gestiegen und davongebraust.

Nachdem die falsche Fährte erfolgreich gelegt war, konnte sie einigermaßen sicher sein, für den Rest des Tages von Enricos Annäherungsversuchen verschont zu bleiben. Das dämliche Buch hatte zwar eindringlich davor gewarnt, sich während der Anti-Stress-Woche in der Öffentlichkeit zu bewegen, aber das war Melissa egal. Denn schon am ersten Abend hatte sie in der Gästemappe einige Postkarten mit Ortsansichten von Oberstaufen gefunden, die so malerisch waren, dass sie ihr Interesse geweckt hatten. Am zweiten Tag war es das ältere Paar aus dem Zimmer nebenan gewesen, das ihr in den höchsten Tönen von der urigen Beschaulichkeit des Ortes vorgeschwärmt hatte. Und zu guter Letzt hatte an diesem Morgen auch noch die Verkäuferin der Hotel-Boutique ihr den Besuch des schnuckeligen Dorfes ans Herz gelegt. Begeistert hatte sie ihr „schönes Staufen“ angepriesen, womit sie weniger auf die hübschen Häuser angespielt hatte, als vielmehr auf die Ladenkultur, die angeblich selbst bei verwöhnten Großstädtern keine Wünsche offenließ. Nach alledem war Melissa entschlossen, sich endlich selbst ein Bild zu machen. Und sie sollte nicht enttäuscht werden.

Das Einkaufsvergnügen begann schon damit, dass es keinen Mangel an Parkplätzen gab und sie ihren Wagen mitten im Dorfzentrum abstellen konnte. Ziellos schlenderte sie über die Hugo-von-Königsegg-Straße, erstand im Buchladen einen Ortsführer und betrachtete die Schaufensterauslage eines Juweliers, bis der Anblick von Trauringen drohte, ihre glänzende Laune zunichte zu machen. Schnell ging sie weiter und ließ sich im Eiscafé dazu verleiten, den zweiten Regelbruch an diesem Tage zu begehen. Sie kaufte sich zwei Kugeln Espresso-Eis! Das mit dem Zuckerverbot hatte sie ohnehin nicht allzu ernst genommen, denn ihr Arrangement mit Halbpension umfasste allabendlich ein mehrgängiges Menü – inklusive Nachtisch. Ohne Rücksicht auf ihren verkorksten Magen hatte Melissa entschieden, unmöglich auf die kunstvoll kreierten, mehrfach preisgekrönten Desserts des Patissiers verzichten zu wollen.

Mit der Eiswaffel in der Hand steuerte sie eine

kleine Parkanlage an und setzte sich auf eine Bank. Die Straßen und Plätze waren stärker bevölkert als in so mancher Großstadt, trotzdem vermittelte der Ort einen friedvollen Eindruck. Die Menschen kamen zur Erholung hierher und das konnte man sehen. Keiner hatte es eilig, jeder schien Zeit zu haben. Die einen ruhten sich auf einem Bänkchen aus oder blieben auf ein Schwätzchen stehen, andere verweilten in einem der zahlreichen Straßencafés, flanierten durch die Fußgängerzone oder machten Fotos von den aufwändig renovierten, alten Häusern.

Von ihrem Ruheplätzchen aus hatte Melissa den perfekten Überblick. Sie schlotzte ihr Eis, sog die gemütliche Atmosphäre in sich auf und beobachtete die Leute. Im Nachhinein musste sie zugeben, dass die Urlaubssuchmaschine die perfekte Destination für sie ausgespuckt hatte: Oberstaufen war ein Synonym für erlebte Entschleunigung.

Die harmonische Stimmung vermochte jedoch nicht darüber hinwegzutäuschen, dass die unerfreulichen Nachrichten auf ihrer Handymailbox nach einer Reaktion verlangten und ihr ein paar höchst unangenehme Anrufe bevorstanden. Um ihre Mutter würde sie sich später kümmern und auch die Bank konnte noch warten. Aber was Thomas` Nachricht anbelangte, war Eile geboten. Denn der hatte sich doch tatsächlich zu der Unverfrorenheit hinreißen lassen, ihr für den Fall, dass sie sich nicht binnen 24 Stunden zurückmelden sollte, mit fristloser Kündigung zu drohen! Was bildete der sich eigentlich ein? Das konnte sie keinesfalls so hinnehmen, dem würde sie aber was erzählen!

An einem Freitagnachmittag sollte Thomas eigentlich im Büro erreichbar sein, war er aber nicht. Nach ihrer Rückkehr ins Hotel versuchte Melissa mehrmals, ihn ans Telefon zu bekommen, vergeblich. Ratlos starrte sie ihr Handy an und fragte sich, was in der Bank vor sich ging. Warum war sein Festnetzanschluss nicht auf das Mobiltelefon umgeleitet? Und wo steckte seine allwissende Assistentin Joana, die doch sonst in ihrem Übereifer immer schon abnahm, ehe es auch nur geklingelt hatte!

Es war bereits kurz nach halbfünf, bei ihrer Hausbank brauchte sie es also gar nicht erst zu probieren. Melissa konnte sich auch so vorstellen, was ihr Bankberater von ihr wollte. Denn der Kaufvertrag, den sie für die neue Wohnung unterschrieben hatte, überstieg ihre finanziellen Möglichkeiten um ein Vielfaches. Es hätte sie weit mehr verwundert, wenn das niemandem aufgefallen wäre. Unangenehm war es trotzdem. In dieser Situation blieb ihr nur eine Möglichkeit: Sie würde mit Thomas reden müssen und ihn dazu bewegen, sie eine Gehaltsklasse höher einzustufen. Oder besser noch gleich zwei! Zum Jahresende hatte er ihr ohnehin eine Beförderung versprochen, außerdem fand sie, dass er ihr das schuldig war. Denn wenn er sie nicht im Stich gelassen hätte, wäre sie gar nicht erst in die missliche Lage gekommen! Melissa hatte daher gehofft, mit einem Telefonat zwei Probleme auf einmal lösen zu können, zumal sie sich nicht vorstellen konnte, dass er das mit der Kündigung ernst gemeint hatte. Aber er ging nicht ran.

Und dann war da noch die Sache mit Thor. Wie aus dem Nichts hatte der junge Skandinavier im handgenähten Nadelstreif vor ein paar Wochen vor ihrem Schreibtisch gestanden und ihr erklärt, er sei gekommen, um sie „zu entlasten“. Schon diese Ankündigung hatte Melissa mit Misstrauen erfüllt, das, nachdem sie in der internen Hausmitteilung seine Vita studiert hatte, in Panik umgeschlagen war. Thor Olsen war nämlich das, was man einen High Potential nannte. Ein Emporkömmling, der Bankwesen in Harvard studiert und danach zwei Jahre in einer amerikanischen Großbank gearbeitet hatte.

Schon gleich am ersten Tag sollten sich Melissas schlimmste Befürchtungen bewahrheiten. Thor, den sie gedanklich nur den Donnergott nannte, schien sich für einen direkten Nachfahren von Julius Cäsar zu halten, jedenfalls verhielt er sich so. Wie ein Eroberer war er sogleich mit Forderungen gekommen. Der Bürostuhl war ihm zu hart, die Schreibtischplatte zu niedrig und seine Sekretärin zu unerfahren. Unterwürfig hatte Thomas ihm alle Wünsche erfüllt und Melissa ihrer Perle beraubt, indem er Rebekka kurzerhand zu Thors persönlicher Assistentin ernannt – „ist ja nur vorübergehend, bis er sich eingearbeitet hat!“ – und ihr im Gegenzug die Nägel kauende, tratschende Tatjana vor die Nase gesetzt hatte. Ein schlechter Tausch, durch den Melissa noch mehr zu tun hatte als sowieso schon. Dazu kam, dass dieser Thor sich in alles einmischte, was ihn nichts anging, ungefragt ihre Kundendaten durchsah und sie mit neugierigen Fragen zu Kreditverträgen, Finanzstrategien und Übernahmen löcherte, kurzum, ihr massiv auf die Nerven ging!

Und ausgerechnet diesen Schleimer hatte Thomas jetzt auf ihren wichtigsten Kunden losgelassen!

Melissa überlegte, Haller Senior persönlich anzurufen, aber ihren letzten Informationen zufolge weilte dieser aktuell mit seiner Familie im Ferienhaus auf Mallorca und wollte nicht gestört werden. Woran sich unmittelbar die Frage anschloss, was bei der Firma Haller und Söhne, einem bei Hameln ansässigen, aber weltweit tätigen Hersteller von Kunststoffschläuchen, in Abwesenheit des Firmeninhabers passiert sein könnte.

Unverrichteter Dinge legte Melissa das Handy auf den Schreibtisch und begab sich in Begleitung ihrer Wasserflasche hinaus auf den Balkon. Schon bereute sie die zwei Kugeln Eis, die sie gegessen hatte, denn ihr Magen brannte wie Feuer. Sie wollte es sich soeben im Liegestuhl bequem machen, da ertönte ein schriller Pfiff. Verwirrt beugte Melissa sich nach vorn und blickte hinunter in den Park. Zunächst konnte sie niemanden sehen, aber da pfiff es noch einmal und sie entdeckte Enrico, der, fast komplett vom Blätterdach verdeckt, unter einem Ahornbaum stand. Jetzt winkte er und bedeutete ihr mit wilden Handbewegungen, herunterzukommen.

Ach, du Schreck! Melissa stockte der Atem und sie schlug sich mit der Hand gegen die Stirn. Gudrun und Fons! Die beiden hatte sie ja total vergessen! So schnell es ihre Flip-Flops erlaubten, lief sie die Treppen hinunter und fand Enrico unverändert an derselben Stelle stehen.

„Tut mir leid, daran hab ich gar nicht mehr gedacht!“, entschuldigte sie sich beim Näherkommen atemlos.

„Das hab ich gemerkt“, entgegnete er mit grimmiger Miene, verkniff sich aber jeden weiteren

Kommentar. „Komm mit!“ Er wollte nach ihrer Hand greifen, doch Melissa war schneller. Sie warf die Schlappen von sich und rannte barfuß los, geradewegs auf den Pavillon zu.

Enrico folgte ihr, er lächelte amüsiert. Während Melissa vergeblich versuchte, durch das verblichene Fenster etwas zu erkennen, fischte er in aller Seelengemütsruhe den Schlüssel aus der Hosentasche.

„Jetzt mach schon!“, trieb sie ihn angstvoll zur Eile an und sah im Geiste die beiden leblos am Boden liegen, weil sie den ganzen Nachmittag ohne Wasser in dem stickigen Kabuff hatten verbringen müssen.

Endlich stieß Enrico die Tür auf. Er ging in den Pavillon und war Sekunden später wieder da.

„Wie geht es ihnen?“, fragte Melissa besorgt.

„Sieh selbst nach“, sagte er und lehnte sich lässig gegen einen Baum. Dieses kleine Biest hatte ihn den ganzen Nachmittag lang zum Narren gehalten, da hatte sie die Schrecksekunde mehr als verdient!

Melissa betrat den mit ausrangierten Gartenmöbeln und allerlei Gerätschaften vollgestellten Raum und konnte im ersten Augenblick kaum etwas erkennen. Doch sowie sich ihre Augen an das Dämmerlicht gewöhnt hatten, sah sie erleichtert, dass der Pavillon leer war.

„Sie sind weg!“, rief sie Enrico durch die offene Tür zu.

„Was du nicht sagst.“ Er grinste.

„Aber … Wie ist das möglich?“

„Durchs Fenster sind sie jedenfalls nicht raus und die Tür ist auch unbeschädigt. Da muss jemand einen Zweitschlüssel gehabt haben.“ Er zuckte mit den Schultern.

„Aber wer? Es wusste doch niemand, dass sie da drin sind!“

Gute Frage, auf die Enrico auch keine Antwort wusste, aber er hatte da so eine Vermutung.

„Und wie erfahren wir jetzt, ob unser schöner Plan aufgegangen ist?“, bedrängte sie ihn.

Enrico musterte sie eine Weile. Trotzig wie ein kleines Kind stand Melissa im Türrahmen und wollte partout nicht einsehen, dass sie die Tagesaufgabe vermasselt hatte. Es klang verrückt, aber er mochte sie sogar dann noch, wenn sie unausstehlich war.

„Schätze, uns wird nichts anderes übrigbleiben, als die beiden in den nächsten Tagen zu beobachten. Sollte es zu einer Annäherung gekommen sein, wird sich das früher oder später ja sicher zeigen.“

Melissa dachte daran, dass ihr nur noch zwei Tage blieben, um das herauszufinden, und sie machte ein langes Gesicht.

„Aber da wäre noch eine Kleinigkeit“, bemerkte Enrico und verschränkte mit einem verschlagenen Grinsen die Arme vor der Brust.

Es war nicht schwer zu erraten, dass er auf die blöde Wette anspielte.

„Du kannst nicht leugnen, dass ich gewonnen habe!“, hielt er ihr vor.

Melissa atmete tief durch und suchte nach einer Ausflucht. „Und woher soll ich wissen, dass nicht du derjenige warst, der die beiden heimlich rausgelassen hat?“ Herausfordernd sah sie ihn an.

„Das traust du mir zu?!“ Seine Nasenflügel bebten vor Empörung.

„Du hast gewettet, dass sie nicht auf unsere List reinfallen – sind sie aber doch! Also hab ich gewonnen!“, stellte Melissa fest und stemmte die Hände in die Hüften.

„Ach komm, jetzt bist du aber kleinlich!“

Sein Dackelblick ließ Melissa dahinschmelzen, gnädig gab sie nach. „Also gut, meinetwegen. Dann hast du eben gewonnen“, sagte sie achselzuckend, aber dann packte sie ihn bei seiner Ehre. „Wenn dir das so wichtig ist …!“

Doch darauf fiel Enrico nicht herein. „Und ob mir das wichtig ist! Und ich weiß auch schon, wann und wie du deine Wettschulden einlösen wirst!“

Sie hätte wissen müssen, dass sein Vorschlag ihr nicht gefallen würde. Standhaft hatte Enrico sich geweigert, Melissa zu verraten, was er im Schilde führte. Sie sollte sich nur pünktlich an seinem Wagen einfinden, dann werde sie es schon sehen. Im Gegenzug dazu versprach er hoch und heilig, sie bis dahin in Ruhe zu lassen und versicherte überdies, sie habe nichts zu befürchten. „Glaub mir, hinterher wirst du mir dankbar sein!“ Mit diesen Worten wäre es ihm beinahe gelungen, Melissa zu beruhigen, aber dann hatte er noch einen draufgesetzt. „Ich verspreche dir, diesen Abend wirst du niemals vergessen“!

Jetzt war sie ernsthaft beunruhigt, denn das konnte alles Mögliche bedeuten. Melissa hasste Überraschungen. Sie hätte lieber im Voraus gewusst, worauf sie sich einließ. Ob sie dem windigen Typen trauen konnte? Eines musste man ihm jedenfalls lassen, er verstand sich darauf, Spannung zu erzeugen.

Grübelnd stand sie vor dem spärlich ausgestatteten Kleiderschrank ihres Hotelzimmers und überlegte, was sie zu dem Abenteuer, das keines werden sollte, anziehen könnte.

„Lieber sportlich als schick“, hatte er ihr geraten, „und vergiss nicht, etwas zum Überziehen mitzunehmen!“

Schließlich entschied sie sich für eine hellblaue Boyfriend-Jeans und ein rotes Twinset, zu dem ihre bequemen, knallroten Sneakers perfekt passten. Eine vanillegelbe Windjacke komplettierte das Outfit.

Nachdem das erledigt war, suchte Melissa den Speisesaal auf, um sich dem Dinner zu widmen. Auf die Pfifferlinge, die heute auf dem Speiseplan standen, hatte sie sich schon den ganzen Tag über gefreut. Aber obwohl Enrico Wort hielt und sein Platz am anderen Ende des Saals leerblieb, brachte Melissa kaum einen Bissen hinunter. Sie schob die innere Unruhe darauf, dass sie Thomas immer noch nicht erreicht hatte und beendete das Menü vorzeitig mit einem halbvollen Dessertteller und einem halbleeren Magen. Wenn sie doch nur wüsste, was Enrico mit ihr vorhatte?!

Der war unterdessen bester Dinge. Pfeifend suchte er in seinem Dachzimmer ein paar Sachen zusammen, die sich für sein Vorhaben als nützlich erweisen könnten, und gratulierte sich zu seinem Etappensieg, den er schnell und unverhofft eingefahren hatte.

„Sie mag keine Überraschungen? Das werden wir ja sehen!“, murmelte Enrico vor sich hin, während er seine alte Leinentasche befüllte, bis er sie kaum noch zubrachte. Zwischendurch warf er immer mal wieder einen Blick in den Park, ob er nicht Fons entdeckte, konnte ihn aber nirgends ausmachen. Auch Gudrun war ihm noch nicht über den Weg gelaufen, was vielleicht auch besser so war, denn sie würde ihm für seine schamlose Lüge fraglos die Ohren langziehen!

Bei dieser Vorstellung musste Enrico kichern. Trotzdem hätte es ihn brennend interessiert, was im Pavillon vor sich gegangen war. Ob die beiden Sturköpfe sich ausgesprochen hatten? Womöglich sogar versöhnt? Oder war am Ende doch wieder Gudruns sprichwörtliches Temperament mir ihr durchgegangen und der arme Fons hatte zusehen müssen, dass er das Weite suchte? Enrico wünschte, er hätte für die Aktion mehr Vorlauf gehabt, dann hätte er eine Kamera installieren können. So aber würden sie vielleicht niemals erfahren, was sich während ihrer Abwesenheit da drinnen abgespielt hatte.

Eigentlich hätte er allen Grund, stinksauer auf Melissa zu sein, die ihn zum wiederholten Male wie einen Hanswurst behandelt hatte. Aber er schaffte es einfach nicht. Dafür schaffte sie es mit ihren Spielchen, ihn dazu anzustacheln, sich immer neue Aktionen für sie auszudenken, wobei die Idee für die heutige Abendgestaltung im Grunde ihre eigene war.

Bei diesem Gedanken steigerte sich seine Vorfreude gleich noch ein wenig mehr. Auf der Suche nach seinen Bergstiefeln drehte Enrico sich um die eigene Achse, dabei fiel sein Blick in den Spiegel. Er legte den Kopf schräg, setzte ein freches Grinsen auf und sprach zu seinem Spiegelbild: „Alter, dich hat`s aber erwischt! Los, geh, und hol sie dir!“

Wie zur Antwort streckte sein Konterfei die Zunge heraus und begann – die Hände abgewinkelt wie die Pfoten eines Hundes, der Männchen macht – gierig zu hecheln.

Sein Wagen. Das war auch so etwas. Was sollte sie von cinem Mann halten, der eine solche Angeberkarre nötig hatte? Lebten sie in den achtziger Jahren, wäre Enrico garantiert Manta gefahren. Sein schwarzer Mustang Convertible stand dem in Melissas Augen in nichts nach, zumindest was das Image anbelangte.

Sie war viel zu früh am Treffpunkt eingetroffen. Vor lauter Nervosität hatte Melissa alle paar Minuten aufs Klo gemusst, bis sie es nicht länger ausgehalten hatte und vorzeitig auf den Parkplatz hinuntergegangen war. Leider war ihr kein Mensch begegnet, dabei wüsste sie doch zu gern, wie es mit Gudrun und Fons weitergegangen war. Und auch, ob die beiden ihnen die kleine Inszenierung übelnahmen, was sie nicht hoffte. Sie hatten es doch nur gut gemeint!

Melissa ging um den Wagen herum, spähte durchs Fahrerfenster und strich über den glänzenden, schwarzen Lack. Sie betrachtete den dunklen Kühlergrill mit dem silbernen Pferd im fliegenden Galopp und dachte, dass das Gesicht des Autos dem seines Fahrers nicht unähnlich war: Aufmüpfig und überheblich.

„Bei dem Anblick rauscht pures Adrenalin durch die Adern, stimmt`s?“, sagte Enrico hinter ihr, hatte dabei jedoch nicht seinen Wagen im Blick, sondern ihren runden Po in der knackig engen Jeans.

Melissa setzte eine gleichgültige Miene auf, ehe sie sich zu ihm umdrehte. „Bei dir vielleicht.“

„Bei dir nicht? Sei ehrlich, die Karre ist der Hammer! Davon hab ich schon als kleiner Junge geträumt!“

„Das Pferdchen vorne drauf ist ja ganz hübsch“, räumte Melissa gnädig ein und deutete auf das Logo.

„Das ist ein stolzer Hengst, Teuerste! Der hat vor ein paar Jahren ein Facelifting bekommen, jetzt sieht er noch kraftvoller und schneller aus."

Melissa wusste nicht, was sie dazu sagen sollte. Der nahm sie auf den Arm, oder?

„Würde ich nie wagen, es sei denn, um dich nach der Hochzeit über die Schwelle zu tragen!", erklärte Enrico im Brustton der Überzeugung und öffnete die Beifahrertür, um sie einsteigen zu lassen.

Bei dem Wort Hochzeit bekam Melissa wackelige Knie. Dankbar ließ sie sich in das dunkle, weiche Lederpolster fallen und bekämpfte das innere Bild, wie er sie mühelos hochhob und sie in ihrem weißen, schulterfreien Hochzeitskleid über die Schwelle des neuen Penthouses trug. Da fiel ihr plötzlich auf, dass sie noch gar nicht wusste, wo Enrico wohnte, wenn er gerade mal nicht im Allgäu weilte.

„Startbereit?", fragte er.

Melissa schnallte sich an und nickte.

Stolz warf Enrico den Motor an, der fauchend wie eine wütende Raubkatze aufheulte. Und ebenso katzenartig rollte der Wagen an.

„Du hast erwähnt, dass du öfters ins Allgäu kommst ...", fing sie zögerlich an.

Enrico setzte den Blinker und nickte. „Warum fragst du?"

„Wo lebst du denn sonst?"

Er lachte. Es war ihm nicht entgangen, wie schwer es ihr fiel, ihn das zu fragen. Vielleicht, weil es eindeutig Interesse an seiner Person signalisierte. „Mal hier, mal dort", hielt er sich bedeckt.

„Aber du musst doch irgendwo ein Zuhause haben, oder?" Und eine Frau und Kinder, setzte sie in Gedanken hinzu, oder wenigstens eine Geliebte. Melissa konnte sich einfach nicht vorstellen, dass ein Mann wie er allein lebte.

„Hier ist mein Zuhause. Es gibt keinen Ort auf der Welt, wo ich mich besser fühle! Und glaub mir, ich kann das beurteilen, denn ich hab einen guten Teil von der Welt gesehen. Aber um deine Frage zu beantworten: Meinen Hauptwohnsitz habe ich in Berlin.“

Berlin also. Ganz schön weit weg, dachte Melissa.

Er spürte die Veränderung, die in ihr vorging, und fragte: „Erstaunt dich das?“

„Wie ein Berliner klingst du nun nicht gerade“, wich sie seiner Frage aus.

„Kann ich aber, wenn ich Wert darauf lege. Aber du hast Recht, ich bin in der Nähe von Salzburg aufgewachsen.“

„Salzburg in Österreich?“, fragte sie überrascht. Damit hätte sie noch weniger gerechnet als mit Berlin.

„Kennst du noch eins?“ Er lachte.

Stumm schüttelte sie den Kopf, durch den tausend Fragen schossen. Mochte er Mozartkugeln? Konnte er Klavier spielen? Hatte er die Festspiele besucht und den ‘Jedermann’ gesehen? Aber dann straffte Melissa die Schultern und konzentrierte sich auf die Fahrbahn, die jetzt in langgezogenen Serpentinen bergab führte. Moment Mal, diese Strecke kannte sie doch! Hier war sie auf dem Weg zu den Buchenegger Wasserfällen vorbeigekommen. Misstrauisch sah sie Enrico von der Seite an. Er würde sie doch nicht dorthin bringen?

Aus dem Augenwinkel heraus beobachtete Enrico seine hübsche Beifahrerin. Er fragte sich, ob sie eigentlich wusste, dass man aus ihrer Mimik lesen konnte wie aus einem offenen Buch. Bei der nächsten Abzweigung schoss er ungebremst um die Kurve und Melissa versteifte sich noch ein bisschen mehr. Ob sie schon ahnte, wo es hinging?

Auf dem Ortsschild stand Steibis. Nie würde sie diesen Ort vergessen, der in ihrem Gedächtnis auf ewig mit den juckenden Quaddeln von Ameisensäure verbunden war. Erleichtert nahm Melissa zur Kenntnis, dass Enrico an der Kreuzung, an der sie links abgebogen war, ungebremst geradeaus weiterfuhr. Sie atmete tief durch und versuchte, sich zu entspannen. Es gelang ihr aber nur vorübergehend, denn als Enrico das nächste Mal den Blinker setzte, erhaschte sie einen Blick auf den Wegweiser. Darauf stand: Hochgratbahn.

„Oh, nein!“, schrie sie erschrocken auf.

„Oh, doch!“ Er grinste genüsslich. Sie Qualen leiden zu sehen, gab ihm ein Gefühl von Genugtuung. Hätte sie Höhenangst, könnte er ihre Reaktion gerade noch verstehen, so aber gab es wirklich keinen Anlass dafür, sich dermaßen zu zieren.

„Für kein Geld der Welt kriegst du mich in diese Bahn!“, stellte sie aufgebracht klar.

„Das werden wir ja sehen.“ Er steuerte eine Parklücke an, fuhr hinein und stellte den Motor ab. Dann wandte er sich Melissa zu. „Herzchen, was ist dein Problem?“

Mit weit aufgerissenen Augen starrte sie ihn an. Er war das Problem! Wann würde er das endlich kapieren und sie in Frieden lassen? Melissa umschloss mit der rechten Hand die Faust der linken und zwang sich, ruhig zu bleiben. „Es gibt kein Problem. Ich will nur nicht in dieser Gondelbahn fahren, das ist alles!“

Und schon gar nicht mit dir, dachte sie, wagte aber nicht, es auszusprechen.

„Wenn es kein Problem gibt, bleibt dir leider keine andere Wahl. Wettschulden sind Ehrenschulden, schon vergessen?“, blieb er hart.

„Und wenn schon!“ Beleidigt drehte sie den Kopf weg und sah aus dem Fenster.

Enrico musterte sie amüsiert von der Seite. Da war er wieder, dieser bockige Blick. Irgendwie niedlich.

Er stieg aus, lief um den Wagen herum und öffnete die Beifahrertür. Und noch ehe Melissa auch nur Piep sagen konnte, hatte er beide Arme unter ihrem Körper hindurchgeschoben und sie aus dem Auto gehoben.

Sie kreischte laut auf und begann zu zappeln.

„Ich hätte damit zwar lieber bis zur Hochzeit gewartet, aber wenn du unbedingt darauf bestehst …“

„Lass mich sofort runter!“, rief sie und strampelte mit Armen und Beinen.

Er tat ihr den Gefallen, stellte sie auf die Füße, ließ sie aber nicht los. „Sieh mich an!“

Gehorsam hob sie den Kopf und blickte ihm geradewegs in die tiefen, dunklen Augen.

„Ich tu dir nichts, Melissa. Wir beide werden jetzt in diese Bahn steigen und auf den Berg fahren. Dort oben werden wir einen Absacker trinken und anschließend wieder herunterfahren. Aber das war`s dann auch, ok?“

Ihr Blick blieb skeptisch. Trotzdem nickte sie und entzog sich seiner Umarmung. „Hochfahren, Trinken, Runterfahren“, wiederholte sie nüchtern.

So, wie sie das sagte, lag kein Funken Romantik darin, aber Enrico wusste, dass sich das gleich ändern würde. Und dafür musste er sich nicht einmal anstrengen. Sein Part bestand lediglich darin, sie in eine Gondel zu setzen – der Rest geschah dann ganz von allein. Das wusste er deshalb so genau, weil vor vielen Jahren er derjenige gewesen war, der sich gesträubt hatte, sich auf so etwas Albernes wie eine Sonnenuntergangsfahrt am Hochgrat einzulassen. Gudrun und Kati hatten ihn ausgelacht. Damit wäre er noch klargekommen, aber als sogar Basti über seine ahnungslose Überheblichkeit den Kopf geschüttelt hatte, war er stutzig geworden. Also hatte er sich breitschlagen lassen und war mitgegangen, seiner Tante zuliebe. Er hatte ja nicht ahnen können, dass eine Fahrt mit der Bergbahn ausreichen würde, um einen völlig neuen Menschen aus ihm zu machen.

Melissa konnte selbst nicht sagen, weshalb sie nachgegeben hatte. Mit seiner weichen, eindringlichen Stimme hatte Enrico geklungen wie ein Schlangenbeschwörer. Er machte sie willenlos und gab ihr gleichzeitig das Gefühl, sich wie ein störrischer, alter Esel zu benehmen. Dieser Mann war ihr unheimlich. Irgendwie schaffte er es ständig, sie dazu zu bringen, Dinge zu tun, die sie nicht tun wollte. Oder war es genau umgekehrt? Brachte er sie dazu, das zu tun, was sie in Wahrheit wollte? Melissa wusste es nicht. Die widersprüchlichen Gefühle in Bezug auf seine Person verwirrten sie. Sie bevorzugte Klarheit und wollte wissen, woran sie war. Enrico dagegen schien Spaß daran zu finden, seine Spielchen mit ihr zu treiben. Schamlos nutzte er aus, dass sie unfähig war, sich dagegen zu wehren, was Melissa ihrem geschwächten Allgemeinzustand zuschrieb. Sie brachte nicht genügend Energie auf, um sich gegen eine starke Persönlichkeit wie ihn durchzusetzen.

Die Talstation der Hochgratbahn war in einem einfachen, hölzernen Zweckbau untergebracht, der auch ein Skilift hätte sein können. Melissa staunte, wie viele Leute so kurz vor Einbruch der Dunkelheit noch auf den Berg wollten. Sie stand neben Enrico in der Schlange und begutachtete mit wachsendem Unbehagen die orangeroten Fördergleise an der Decke, in der die Gondeln eingehängt waren. Die Kabinen schaukelten heftig, hoffentlich wurde sie davon nicht seekrank.

Enrico frohlockte, er hatte wieder einmal Glück. Weil die Gruppe hinter ihnen gemeinsam fahren wollte, bekamen Melissa und er eine Gondel für sich allein. Das lief ja wie auf Schienen! Er wartete, bis sie in die gelbe Passagierkabine gestiegen war und setzte sich dann zu ihr. Rücksichtsvoll wählte er den Platz gegenüber. Sein Plan war simpel: Melissa würde die Aussicht bewundern und er würde Melissa bewundern! Für die nächsten gut zehn Minuten war sie ihm hoffnungslos ausgeliefert. Wenn das Mädel sich doch nur endlich entspannen würde …

Melissa hatte nur äußerlich eingewilligt, mitzukommen. Innerlich sträubte sie sich, auch nur eine Minute mehr mit Enrico zu verbringen als unbedingt notwendig.

Mit einem kleinen Ruck fuhr die Bahn an. Melissa sah zum Fenster hinaus und erwischte den Moment, in dem die Kabine sich aus den Katakomben der Talstation löste und in die Allgäuer Berglandschaft hineinschwebte. Lautlos erhob sich die Gondel über den mit Gras bewachsenen Abhang und erklomm rasch die ersten der rund eintausend Höhenmeter, die sie bis hinauf zur Bergstation zurücklegen würden. Je höher sie kamen, desto dichter wurden die dunklen Nadelbäume, die einzeln oder in Hainen die Strecke säumten. Melissa warf einen flüchtigen Blick auf Enrico, der zufrieden aus dem Fenster schaute. Dieser Mann war wie die Waldstücke, über die sie hinwegfuhren: Undurchsichtig und geheimnisvoll, aber zugleich unglaublich anziehend. Und das machte ihr Angst. In seiner Nähe schien sie sich regelmäßig in einen anderen Menschen zu verwandeln. Alles, was sie ausmachte – ihre Stärke und Souveränität, ihr Kampfgeist und der starke Wille – schien wie weggeblasen. Dafür weckte er in ihr Eigenschaften, von deren Existenz sie bislang nichts geahnt hatte. Und Melissa wünschte, das wäre so geblieben.

„Fährt ganz schön schnell, diese Bahn", sagte sie, um überhaupt etwas zu sagen.

„Zwölfeinhalb km/h", antwortete Enrico. „Schnell würde ich das nicht gerade nennen." Er lachte.

Damit war das Thema auch schon wieder erschöpft. Melissa hielt sich an ihrem Sitz fest, ihr Blick klammerte sich an den Fensterrahmen. Konzentriert achtete sie darauf, nicht nach unten zu sehen. Es war weniger die Höhe, die ihr zusetzte, als die Tatsache, der Situation komplett ausgeliefert zu sein. Das Geruckel verursachte ihr ein flaues Gefühl im Magen. Könnte aber auch sein, dass sie das schon vor der Fahrt hatte – und die Schmetterlinge in ihrem Bauch der Auslöser dafür waren. Noch bevor sie diesen erschreckenden Gedanken zu Ende bringen konnte, hatten sie die Bergstation erreicht.

Enrico lotste Melissa zu einem freien Tisch auf der Terrasse, die wie ein überdimensionierter Balkon aussah. Fürsorglich wartete er, bis sie sich hingesetzt hatte, und ging dann in das Schnellrestaurant, um die Getränke zu besorgen. Melissa sah ihm versonnen nach, wie er in dem Gebäude verschwand, das im modernen alpenländischen Stil errichtet war und sich farblich perfekt in die Umgebung einpasste. Die untergehende Abendsonne verlieh der Fassade einen schönen silbergrauen Schimmer.

Sie wandte sich wieder der fantastischen Aussicht zu, die sich unbemerkt hinter ihrem Rücken in einen einzigen, pastelligen Farbrausch verwandelt hatte. Beim Anblick der zarten Himmelsfärbung stockte ihr der Atem. Die Sonne bündelte noch einmal ihre Kräfte und ließ das eben noch schmutzig-graue Wolkengebirge erstrahlen wie ein goldenes Meer. Der sanfte Nebelschleier, der die weitläufige Landschaft überzog, gab Melissa das Gefühl, durch eine Milchglasscheibe zu blicken. Der Horizont darüber wurde von einem orangerot flimmernden Streifen begrenzt, in dessen Mitte ein greller Fleck das Licht reflektierte, als hätte der liebe Gott mit einer riesigen Lupe die letzten Sonnenstrahlen eingefangen und auf die Erde gelenkt. Wie hypnotisiert starrte Melissa den Glitzerfleck an und fragte sich fasziniert, was das wohl sein mochte.

„Na, hast du den Bodensee entdeckt?“ Enrico stellte zwei Gläser Bier auf den Tisch und setzte sich zu ihr.

„Das ist der Bodensee?“ Melissa machte große Augen.

Er nickte und griff nach seinem Glas. „Danke, dass du mitgekommen bist“, sagte er. „Prost!“

Melissa zögerte, als sie bemerkte, dass in ihrem

Glas Bier war. Sie hatte versäumt ihm zu sagen, dass sie derzeit keinen Alkohol trank.

Gespannt beobachtete Enrico ihren inneren Kampf. Er sah genau, wie sie abwog, ob sie den Regelbruch riskieren konnte. Es war nicht schwer, ihre Gedanken zu lesen. Was, wenn der Erholungseffekt dadurch flöten ging? Oder das Programm als Ganzes nicht länger funktionierte? Angestrengt bemühte er sich, nicht laut loszulachen. Wenn ihm das jemand im Vorfeld erzählt hätte, wie ernst die Leute seine trivialen Ratschläge nehmen würden – er hätte es nicht geglaubt!

Melissa dachte an das Eis vom Nachmittag und an ihr Abendessen, das zu klein ausgefallen war, um als Grundlage für ein Bier auszureichen. Doch dann gab sie sich einen Stoß, nahm ihr Glas und prostete Enrico zu. Mutig probierte sie einen kräftigen Schluck.

„Hm“, machte sie überrascht, „das schmeckt ja richtig gut!“

„Hier im Allgäu werden einige der besten Biere gebraut“, erklärte Enrico stolz, auch wenn das nicht sein Verdienst war. „Diese Marke ist mein persönlicher Favorit. Nicht zu herb und nicht zu malzig, genau richtig.“

Sie trank noch einen Schluck. Als sie das Glas absetzte, blieb ein Bärtchen aus Schaum auf ihrer Oberlippe zurück. Enrico sah es und lachte. Auf ihr verständnisloses Gesicht hin deutete er sich an den Mund, aber sie verstand noch immer nicht. Da streckte er den Arm aus, fuhr vorsichtig mit dem Zeigefinger über ihre Lippen und wischte den Schaumbart weg.

Melissa erschauderte unter seiner Berührung.

Verlegen griff sie schnell wieder nach ihrem Glas und wandte sich ab, der herrlichen Aussicht entgegen. Sie hatte schon so manchen schönen Sonnenuntergang am Meer erlebt, aber das Schauspiel, das sich ihr hier auf dem Hochgrat bot, war eine Klasse für sich.

„Gefällt`s dir?“ Unauffällig war Enrico ein Stückchen näher gerückt.

Melissa nickte, ohne den Blick abzuwenden. Die stolzen Nadelbäume auf den tiefergelegenen Bergrücken erinnerten sie an eine Armee Wachsoldaten und die schneebedeckten Gipfel der fernen Gebirgskette waren ihre Generäle. Angesichts der alpinen Übermacht fühlte sich Melissa unbedeutend und klein, was aber seltsamerweise nicht unangenehm war, sondern etwas Beruhigendes an sich hatte. Gern hätte sie ihre Empfindungen mit Enrico geteilt, doch der dicke Kloß in ihrem Hals verunmöglichte ihr vorübergehend das Sprechen. Tief bewegt verfolgte sie mit, wie die Sonne einen Strahl nach dem anderen zurückzog und das flimmernde Band am Horizont zusehends schmaler wurde, bis es sich vollständig aufgelöst hatte. Gleichzeitig kam ein frischer Wind auf. Fröstelnd zog Melissa den Reißverschluss ihres Anoraks hoch. Dann endlich brachte sie den Mut auf, den Blick auf Enrico zu richten und ihm in die schönen, braunen Augen zu sehen, die lautlos zu ihrem Herzen sprachen.

Sie schienen zu flüstern: „Hab keine Angst!“ Aber sie hatte Angst, ganz fürchterliche Angst sogar! Zu tief saß der Stachel der Enttäuschung. Die Einsicht, dass Thomas nicht der Richtige für sie gewesen war, war tröstlich, linderte aber nicht ihren Schmerz. Sie hatte sich geschworen, keine einzige Träne über den treulosen Idioten zu vergießen, aber ausgerechnet jetzt, in Gegenwart eines anderen Mannes, drückte die ungeweinte Flut nach oben.

Enrico spürte ihren Schmerz als wäre es sein eigener. Was hatte das Leben dieser wunderbaren Frau angetan? Welcher Idiot hatte es gewagt, ihr solche Seelenpein zuzufügen? Und dass der Übeltäter ein Mann war, stand für ihn außer Frage. Er schämte sich für einige seine Geschlechtsgenossen, aber für den Mann, der Melissa das Herz gebrochen hatte, empfand er nichts als Hass. Aus feuchten Augen blickte Enrico sie an. Es hätte ein Moment größter Intimität sein können, wenn Melissa geschwiegen hätte. Tat sie aber nicht.

„Ich glaube, so langsam müssen wir die Rückfahrt antreten", stellte sie sachlich fest und holte Enrico damit unsanft zurück auf den Boden der Realität.

Er folgte ihrem Blick und sah, dass die anderen Bänke schon leer waren und die Gäste zum Ausgang strömten. Enrico liebäugelte mit dem Gedanken, Melissa so lange abzulenken, bis sie die letzte Bahn verpasst hatten, aber die Aussicht, die Nacht auf der Bergstation verbringen zu müssen, war selbst in ihrer Begleitung wenig verlockend. Mit einem gottergebenen Seufzen stand er auf, sah sie bittend an und hielt ihr die Hand hin. Diesmal zierte sie sich nicht. Sanft umschloss seine Hand die ihre, die deutlich kälter war, und beiden wurde es warm ums Herz.

Die Rückfahrt schien ungleich schneller vonstatten zu gehen als die Hinfahrt, was auch daran liegen mochte, dass es inzwischen dunkel geworden war und man beim Blick durch das Kabinenfenster kaum noch etwas erkennen konnte. Schemenhaft ragten die Bäume wie borstige, schwarze Besen in den Himmel und Melissa hatte zunehmend den Eindruck, ein störender Eindringling in einer fremden Welt zu sein.

„Zeit für Teil zwei des Unterhaltungsprogramms“, witzelte Enrico, als die Gondel ruckelnd zum Stehen kam.

Sofort flackerte die altbekannte Panik in Melissas Augen wieder auf. „Wie, das war noch nicht alles?“

„Der Abend ist noch jung!“, rief er ausweichend und half ihr aus der Bahn.

Mit einem mulmigen Gefühl folgte Melissa ihm zum Wagen, wo Enrico eine stark zerschlissene, aber prall gefüllte Tasche aus dem Kofferraum hob, die aussah, als hätte sie schon einiges mitgemacht.

„Was ist da drin?“, wollte sie von ihm wissen.

„Das erfährst du noch früh genug. Jetzt geht es erst einmal da lang.“ Er deutete mit dem Kinn in die Schwärze der Finsternis.

„Hast du eine Taschenlampe dabei?“, fragte sie.

Er konnte ihr Gesicht nicht sehen, aber das Flattern in ihrer Stimme verriet, dass sie Angst hatte. Angst wovor? Vor der Dunkelheit? Oder davor, mit ihm allein zu sein? Nur gut, dass sie ihn ebenso wenig sehen konnte, denn sein fettes Grinsen hätte sie unweigerlich noch misstrauischer gemacht.

Wie ein Schaf zur Schlachtbank trottete Melissa neben ihm her. Ganz in der Nähe rauschte ein Fluss. „Das müsste die Weissach sein, oder?“, fragte sie.

Enrico war beeindruckt. „Du kennst dich in der Gegend ja schon ziemlich gut aus“, lobte er.

Kies knirschte unter ihren Füßen, sie mussten auf einem Forstweg gehen. Sicher wie eine Fledermaus navigierte Enrico sie durch den Wald. Plötzlich waren sie von grell leuchtenden Punkten umgeben, die lautlos durch die Luft schwebten. Erschrocken blieb Melissa stehen.

„Was ist, hast du noch nie Glühwürmchen gesehen?“

„Doch, sicher!“, gab sie launisch zurück. Und sie wusste auch noch genau, wann und wo sie diesen faszinierenden Tierchen zuletzt begegnet war: Auf einer Nachtwanderung mit ihrem Vater. Kurz danach hatte er die Familie verlassen. Zum zweiten Mal an diesem Abend war Melissa den Tränen nahe. Sie schluckte kräftig dagegen an, dann sagte sie: „Ist es nicht erstaunlich, dass diese Tiere von sich aus leuchten können?“

„Das eigentlich Erstaunliche ist, dass sie das um diese Jahreszeit noch tun. Normalerweise haben sie im August die Paarung längst hinter sich.“

„Tatsächlich?“, fragte Melissa wenig interessiert, kannte Enrico aber schon gut genug, um zu wissen, dass er es sich nicht nehmen lassen würde, sie in die Geheimnisse der Glühwürmchen einzuweihen.

„Wusstest du, dass keine künstliche Lichtquelle einen so hohen Wirkungsgrad erreicht wie die der Leuchtkäfer?“, bestätigte er ihre Vermutung. „Zu bedauerlich, dass die Männchen leider gleich nach der Paarung sterben.“

„Und was passiert mit den Weibchen?“ Jetzt hatte er doch ihr Interesse geweckt.

„Die machen das Licht aus und kümmern sich um den Nachwuchs!“, erklärte er lachend. „Sie leben mehrere Jahre als Larven, ehe sie sich verpuppen und zu Käfer werden.“

„Was du nicht alles weißt ...“

Enrico konnte nicht sicher ausmachen, ob das eine Beleidigung hätte sein sollen oder ein Kompliment.

„Willst du mir nicht endlich verraten, wo wir hingehen?“, fragte sie ungeduldig.

„Brauche ich nicht, wir sind schon da!“ Enrico packte Melissa bei der Hand und zog sie hinter sich eine Bergweide hinauf, bis sie zu einem Gebäude gelangten, das im fahlen Mondschein aussah wie eine Scheune.

„Nicht ganz, das war früher mal eine Alpe. Die steht schon geraume Zeit leer und fällt so langsam in sich zusammen.“

Sie gingen um die Hütte herum, dahinter befand sich eine Art Anbau. Enrico zückte die kleine Taschenlampe, die an seinem Schlüsselbund hing, und machte sich an dem Schloss zu schaffen, das er binnen kürzester Zeit geknackt hatte.

„Bitte einzutreten“, sagte er, aber Melissa kam seiner Aufforderung nicht nach. Sie konnte nichts erkennen. Was, wenn sie in eine Falltür trat?

„Ich lasse dir den Vortritt“, erklärte sie großzügig.

„Wie du willst.“ Enrico machte die Taschenlampe wieder aus und ging hinein.

Melissa hörte seine Tritte, dann leises Rascheln, dann wurde es still.

„Kommst du?“, rief er von drinnen.

Zaghaft wagte sie ein paar Schritte ins Innere des Verschlags, da packte Enrico sie plötzlich von der Seite am Arm und zog sie kraftvoll nach unten. Melissa stieß einen spitzen Schrei aus, landete aber sanft – im Heu!

Enrico lachte und lachte, er wollte sich gar nicht

mehr einkriegen. Um es sich mit ihr nicht ganz zu verderben, schaltete er schnell die Taschenlampe wieder ein und leuchtete den schmalen Raum aus. „Das ist ein Heulager, hab ich vor einiger Zeit mal zufällig entdeckt. Duftet das nicht wundervoll?" Er griff tief in das Heu hinein und warf eine Handvoll in die Luft.

Melissa sagte keinen Ton, musste aber kräftig niesen.

„Du hast doch nicht etwa Heuschnupfen, oder?", fragte er alarmiert.

„Nein, das nicht. Aber – Enrico, was tun wir hier?"

„Was wohl? Wir nehmen ein Heubad! Und wenn du willst, können wir auch im Heu übernachten …"

„Auf keinen Fall!" Stocksteif saß sie da, aber dann musste sie wieder niesen. Und noch einmal. „Das ist nur der Staub", erklärte sie bestimmt.

„Das ist gut, dann wird es dir ja auch nichts ausmachen, wenn …" Er fasste Melissa um die Taille und schubste sie kräftig um.

„He!", beschwerte sie sich, aber nur kurz. Denn im nächsten Moment hatte Enrico sich neben sie geworfen, kuschelte sich eng an sie und legte besitzergreifend einen Arm um ihre Hüften.

„So, jetzt ist es gut!", gurrte er zufrieden.

Und das war es. Aber nicht lange.

Melissa wusste nicht einzuschätzen, wie viel Zeit verstrichen war, aber ihr rechter Arm war eingeschlafen. Vorsichtig löste sie sich aus Enricos Umarmung. Er gab keinen Laut von sich, alles was sie hörte, waren tiefe, gleichmäßige Atemzüge.

„Enrico?", wisperte sie.

Statt einer Antwort grunzte er leise und drückte sie am Arm. Weitere Minuten verstrichen, ohne dass er sich rührte. Melissa war müde und der Schlaf drohte sie zu übermannen, aber sie kämpfte tapfer dagegen an, denn sie hatte nicht vor, die ganze Nacht hier zu verbringen. Sachte legte sie ihren Arm um Enrico und begann, ihn am Nacken zu kraulen, worauf er wohlig schnurrte wie ein Kater.

Eine warme Welle schoss ihr durch Herz, es fühlte sich gut an, richtig und stimmig. Melissa musste sich auf die Zunge beißen, um die aufsteigenden Tränen zu unterdrücken. Warum er? Warum konnte sie solche Gefühle nicht für jemanden haben, der weniger kompliziert war? Sie wusste, dass ein Typ wie Enrico nicht der Mann fürs Leben sein konnte und sie ihn sich ein für alle Mal aus dem Kopf schlagen musste! Axel hatte ihr das Herz gebrochen, aber wenn sie Enrico in ihr Herz ließ, würde er es in tausend Stücke zerschlagen.

Das grelle Licht eines Blitzes durchzuckte für Bruchteile von Sekunden den Raum, gleichzeitig ertönte krachend ein gewaltiger Donnerschlag.

Melissa fuhr erschrocken zusammen, ihr blieb jedoch keine Zeit, Angst zu haben, denn Enrico schrie gedehnt und aus voller Kehle: „Neeein!“ Er kauerte sich zusammen wie ein Embryo. Zitternd lag er neben ihr und wimmerte leise vor sich hin. Zur Beruhigung wollte ihm Melissa die Hand auf den Arm legen, doch er schreckte zusammen, als hätte sie versucht, ihn zu schlagen.

„Enrico, was ist mir dir?“ Jetzt bekam sie es doch mit der Angst zu tun. Was wusste sie schon von dem Kerl? Vielleicht war er ein gefährlicher Psychopath?

Ein Irrer, der ahnungslose Frauen in sein geheimes Versteck lockte? Verunsichert stupste sie ihn an, aber sein Wimmern klang, als ob er weinte. Da bekam sie Mitleid mit ihm. „Hast du Angst vor Gewitter?", fragte sie mitfühlend, weil sie ahnte, wie peinlich ihm das sein musste. Aber sie spürte, wie Enrico den Kopf schüttelte. Melissa drückte sich dicht an ihn, schlang beide Arme um seinen muskulösen Oberkörper und begann ihn tröstend zu streicheln wie ein Kind.

Es blitzte und donnerte noch ein paarmal, und bei jedem Donnerschlag erschrak Enrico aufs Neue. Nach einiger Zeit war nur noch ein dumpfes Donnergrollen zu vernehmen, das davon zeugte, dass das Gewitter weiterzog. Was zurückblieb, war ein lautes, heftiges Regenprasseln. Melissa starrte im Dunkeln an die Decke, hoffentlich war das Dach dicht. Langsam löste sich Enrico aus seiner Schockstarre und drehte sich zu ihr um.

„Tut mir leid", sagte er leise, „ich wollte dich nicht erschrecken."

„Macht doch nichts", entgegnete Melissa und hätte fast gelacht. Es war schon zu komisch, der furchtlose Enrico hatte Angst vor Gewitter! „Dafür muss du dich bestimmt nicht schämen", sagte sie freundlich.

Aber Enrico widersprach. „Es ist nicht das Gewitter, es sind die Donnerschläge. Sie klingen in meinen Ohren wie der Bombenhagel, dem ich nur knapp entronnen bin." Er spürte, dass seine Worte sie verängstigten und sprach schnell weiter. „Ich war als Journalist in einem afrikanischen Bürgerkriegsgebiet im Einsatz, den genauen Ort darf ich leider nicht nennen. Jedenfalls bin ich dort zwischen die Fronten geraten und hätte um ein Haar mein Leben gelassen."

„Du warst Kriegsberichterstatter?“, fragte Melissa atemlos. Sie hatte sich schon immer gefragt, was einen Menschen dazu brachte, freiwillig in ein Krisengebiet zu gehen.

„Sowas in der Art, ja.“

„Und du bist dort verletzt worden?“

„Ich … Ja, es hätte mich beinahe erwischt. Mein bester Kumpel hatte nicht so viel Glück wie ich, er ist bei dem Angriff ums Leben gekommen.“

„Das ist ja grauenvoll!“ Melissa war schockiert. Bei dieser Vorstellung wurde ihr eiskalt, gleichzeitig spürte sie, dass ihr linkes Hosenbein völlig durchnässt war. Durch das marode Dach tropfte Regenwasser auf sie herunter.

Enrico, der es ebenfalls bemerkt hatte, setzte sich auf. Er lehnte sich mit dem Rücken gegen die Holzwand und zog Melissa an sich. „Es war der pure Horror, mit Worten gar nicht zu beschreiben. Ich habe Jahre gebraucht, um einigermaßen mit dem, was ich erlebt habe, klarzukommen.“

„Und wie hast du es geschafft, dieses Trauma zu überwinden?“, fragte sie interessiert, denn wie ein verstörter Kriegsveteran hatte er wahrlich nicht auf sie gewirkt.

Er lachte trocken auf. „Ob du`s glaubst oder nicht, das Allgäu hat mir dabei geholfen! Alles hier ist so friedlich und beschaulich und man hat den Eindruck, das Schlimmste, was passieren könnte, wäre, dass eine Kuh vom Berg fällt. Das ist natürlich ein Trugschluss. Die Leute hier haben dieselben Probleme wie alle anderen auch und durch den Tourismus und das raue Klima sogar noch ein paar mehr. Aber die herzliche Bodenständigkeit der Allgäuer war in dieser schwierigen Zeit wie Balsam auf meiner Seele."

Melissa war zutiefst beeindruckt, fragte sich aber, ob er ihr all das auch ohne Gewitter erzählt hätte.

„Wahrscheinlich nicht", lautete Enricos ehrliche Antwort. Doch dann sagte er zu ihrem Erstaunen: „Wenn es dir nichts ausmacht, würde ich jetzt gerne zurück ins Hotel fahren und die Nacht im Heubett auf ein andermal verschieben." Er griff nach Melissas Hand und legte sie auf seine rechte Schulter.

„Oh", machte Melissa, denn sein T-Shirt war ebenso durchgeweicht wie ihre Jeans.

Lebe achtsam!

Der würzige Geruch nach Heu war das erste, was Melissa an diesem Morgen wahrnahm. Erschrocken schlug sie die Augen auf, stellte aber erleichtert fest, dass sie nicht mehr einem feuchten Heustadel lag, sondern im komfortablen Hotelbett. Wie Puzzleteile schoben sich nach und nach die Ereignisse des Vorabends an ihren Platz, bis sie ein komplettes Bild ergaben.

Wie angekündigt, hatte Enrico sie vom Heulager direkt zurück ins Hotel gebracht, wo er sie vor der Zimmertür abgeliefert und sich eilig verabschiedet hatte. Eigentlich müsste sie ihm dankbar dafür sein, dass er die Situation nicht ausgenutzt hatte, aber seltsamerweise war ihr das auch wieder nicht recht. Fand er sie denn kein bisschen attraktiv? Oder worauf sonst ließ sich sein brüderlich-distanziertes Verhalten zurückführen?

Melissa warf sich im Bett herum, da piekte sie etwas in die Seite. „Autsch!“ Sie griff mit der Hand unter die Bettdecke und beförderte einen langen Strohhalm zutage. Und es war nicht der einzige. Überall stupfte und stach es, anscheinend hatte sie das halbe Heulager mit ins Bett gebracht. Unwillig drehte sie sich in die andere Richtung, verärgert darüber, dass Enrico keinerlei Anstalten gemacht hatte, sie zu küssen. Gleichzeitig war sie wütend auf sich selbst, weil sie trotz allem eine Vollkörperkontaktaufnahme erwartet hatte – vielleicht sogar darauf gehofft. Es hätte so wunderbar in ihr Bild vom selbstgefälligen Gigolo gepasst, aber mit seiner keuschen Tour hatte er alles vermasselt. Jetzt wusste sie endgültig nicht mehr, was sie von ihm halten sollte.

Der Strohhalm, der sich in ihren Oberschenkel bohrte, veranlasste Melissa dazu aufzustehen und ins Bad zu gehen, um die Heureste endgültig loszuwerden. Ein bisschen war es aber auch die Neugierde, die sie aus dem Bett trieb. Sie wollte so zeitig wie möglich am Frühstückstisch sitzen, um Gudrun auf ihrer täglichen Morgenrunde abzupassen. Melissa musste endlich wissen, ob ihre Kuppelei von Erfolg gekrönt worden war.

Sie war bereits bei der zweiten Kanne Grüntee angelangt, als Gudrun endlich den Speisesaal betrat. Schon von weitem war unverkennbar, dass die Hotelchefin schlechte Laune mitgebracht hatte. An ihrem Gang war nichts locker oder beschwingt und dort, wo für gewöhnlich ein heiteres Lächeln zu sehen war, zeigte sich heute in ihrem Gesicht nur ein dünner Strich. Fahrig sah sie sich um, als ob sie nach jemandem Ausschau hielte, dann machte sie auf dem Absatz kehrt und zog grußlos von dannen. Melissa war nicht die einzige, die ihr überrascht nachsah.

Sie zögerte ihr Frühstück so lange hinaus wie irgend möglich und redete sich ein, sie tue das nur für den Fall, dass Gudrun zurückkäme. In Wahrheit aber blieb sie vor allem deshalb wie angenagelt auf ihrem Stuhl sitzen, weil sie hoffte, Enrico zu begegnen. Um nicht unangenehm aufzufallen, bestellte Melissa eine weitere Kanne Tee, zog den Ratgeber aus der Tasche und begann das Kapitel des Tages zu lesen. Doch Enricos Platz blieb leer.

Gegen halbzehn war sie mit dem Kapitel durch und die Warterei leid. Sie steckte das Buch ein und entschied, einen Morgenspaziergang durch den Park zu unternehmen. Vielleicht hatte sie ja Glück und Fons lief ihr über den Weg. Oder Enrico, flüsterte eine kleine, innere Stimme.

Melissa durchquerte das Gelände in jeder erdenklichen Richtung und war sich auch nicht zu schade, in den alten Pavillon zu gucken, aber kein Fons weit und breit. Deprimiert sank sie auf die nächste Parkbank. Nach einem Happy End sah das wahrhaft nicht aus. Trotzdem beschloss sie, ihre Mission als erledigt zu betrachten, denn mehr, als den beiden auf die Sprünge zu helfen, konnte sie nicht tun. Den Rest mussten sie dann schon allein schaffen.

In den Zweigen über ihr schmetterte ein Vogel sein Morgenlob und wie zur Antwort quakte irgendwo am Teich ein Frosch. Melissa ließ den Blick über die herrliche Gartenanlage schweifen. Die prachtvolle Blütenfülle war fast mehr als sie ertragen konnte. Alles um sie herum schien von einer geradezu überirdischen Vollkommenheit: Der Teich mit den Seerosen, die üppig blühenden Staudenbeete, in denen bunte Dahlien und Gladiolen um die Wette leuchteten, dazu die sauber angelegten Wege und der akkurat getrimmte Rasen – alles hatte seine perfekte Ordnung. Der Anblick erinnerte sie auf beunruhigende Weise an die chaotischen Zustände ihres eigenen Lebens, denen sie schon übermorgen wieder hoffnungslos ausgesetzt sein würde. Melissa befiel tiefe Wehmut und sie nahm sich vor, die letzten Stunden im Paradies noch nach Kräften zu genießen.

Zuvor allerdings würde sie die Tagesaufgabe hinter sich bringen, denn die hatte es in sich.

Mit einem Rundumblick versicherte sie sich, dass sie allein war, dann trat sie auf den grünen Rasen. Noch ein letztes Mal blickte Melissa sich um, ehe sie mit einem ergebenen Seufzer zuerst auf die Knie fiel und sich dann auf den Bauch legte. Die Übung des Tages verlangte von ihr, sich so lange auf einen einzelnen Grashalm zu konzentrieren, bis sie mit ihm völlig eins geworden war. Das Kinn auf die Hände gestützt, starrte Melissa ins grüne Gras und murmelte: „Wenn ich ein Grashalm wäre…"

Ja, was dann? Dann wäre ihr stinklangweilig! Dann würden sie die Tiere stören, die an ihr hochkletterten. Und dass jeder auf ihr herumtrampelte, war auch kein Vergnügen, ganz zu schweigen von dem lästigen Rasenroboter, der regelmäßig in diesem Teil des Gartens surrend herumkurvte. Nein, so ein Grashalm war auch nicht zu beneiden!

Barfuß und in Boxershorts stand Enrico auf seiner Loggia, gähnte lauthals und streckte die Arme über dem Kopf durch. Obwohl er ausgiebig geschlafen hatte, war er noch nicht ganz wach. Aber den pinken Klecks dort unten auf der Wiese, den träumte er sicher nicht. Verblüfft ließ Enrico die Arme sinken und kniff die Augen zusammen. Kein Zweifel, das war Melissa! Was zum Henker trieb sie da? Ihn durchzuckte ein Blitz der Erkenntnis, schlagartig war er hellwach.

Minuten später pirschte er sich unbemerkt von hinten an sie heran. Melissa bot einen verlockenden Anblick, wie sie da auf dem Bauch liegend und den Po in die Höhe streckte. Ihr Hängerkleidchen war bis zu den Oberschenkeln hochgerutscht, der linke Träger von der Schulter gefallen. Das Haar hatte sie locker zusammengesteckt, so dass ihr schöner, schlanker Nacken zu sehen war. Sie sah zum Anbeißen aus.

Erschrocken zuckte Melissa zusammen, als Enrico sich neben sie ins Gras warf. So sehr sie sich auch freute, ihn zu sehen, hätte er keinen ungünstigeren Moment erwischen können. Denn soeben hatte sie es geschafft, sich annäherungsweise so zu fühlen wie ein Grashalm. Genauer gesagt, wie ein unsagbar einsamer, verachteter und vernachlässigter Grashalm, dessen Einzigartigkeit unter all den anderen Grashalmen ebenso übersehen wurde wie ihre eigene.

„Guten Morgen, Prinzessin!“ Enrico grinste sie fröhlich an.

„Morgen“, muffelte Melissa und hoffte, er konnte das laute Pochen ihres Herzens nicht hören.

„Schlecht geschlafen?“, fragte er mitfühlend.

„Hm“, machte sie inhaltslos und fixierte weiter den Rasen.

„Darf ich fragen, was du da machst?“, mimte er den Ahnungslosen.

„Nein, darfst du nicht“, gab sie garstig zurück.

„Lass mich raten: Du schaust dem Gras beim Wachsen zu?“

Melissa zog es vor, ihm nicht zu antworten.

Er drehte sich auf die Seite, stellte den Ellbogen auf und stützte sein Kinn mit der Hand ab. Mitleidsvoll musterte er seine süße Grashalmguckerin und spielte mit dem Gedanken, ihr zu verraten, dass diese Redewendung ihn dazu verleitet hatte, die lächerliche Grashalm-Übung in sein Buch aufzunehmen. Ihm war nichts Gescheites mehr eingefallen und der Abgabetermin unaufhaltsam näher gerückt.

Melissa drehte den Kopf, sah ihn an und wollte ihm eine patzige Antwort geben, aber es ging nicht. Keine Silbe kam über ihre Lippen. Ihre Blicke versanken ineinander wie in einer Umarmung und es war, als würden ihre Körper sich langsam auflösen und nichts als Mund und Augen übrigbleiben. Millimeter um Millimeter näherten sich ihre Gesichter einander an. Diesmal würde er es tun, diesmal würde er sie küssen! Melissa schloss die Augen und wartete begierig darauf, seine vollen, weichen Lippen auf den ihren …

„Melissa?"

Ein Schatten fiel über sie und Melissa und Enrico schraken zeitgleich auf.

„Gott sei Dank, du bist es!", sagte der Mann mit dem Bürstenschnitt, der mit seiner grauen Stoffhose und dem blütenweißen Hemd so gar nicht in die romantische Gartenlandschaft passen wollte.

„Thomas! Was machst du denn hier?" Verwirrt setzte sie sich auf und sah zu ihm hoch. Er hielt ihr die Hand hin, so dass Melissa nichts anderes übrig blieb, als sie zu ergreifen und sich von ihm hochziehen zu lassen. Musste der ausgerechnet jetzt hier aufkreuzen?!

„Dasselbe könnte ich dich auch fragen! Verdrückst dich einfach, ohne einen Ton zu sagen!"

„Ich geh dann mal", verkündete Enrico und sprang auf, aber keiner der beiden nahm von ihm Notiz. Also setzte er seine Ankündigung in die Tat um und ging.

„Woher weißt du, wo ich bin?", wollte Melissa wissen.

„Hab ich auf der Buchungsbestätigung gelesen", erklärte Thomas und wischte sich mit einem

Taschentuch den Schweiß von der Stirn.

„Du warst in meiner Wohnung?“ Sie schnappt nach Luft. Dann rief sie eine Oktave höher: „Was fällt dir ein, heimlich in meine Wohnung zu gehen und in meinen Sachen herumzuschnüffeln?!“

„Na, hör mal! Ich habe nicht geschnüffelt! Musste ich auch gar nicht, der Schrieb lag offen auf der Küchentheke! Eigentlich war ich auch nur dort, weil ich dir helfen wollte …“

„Mir helfen? Wobei denn bitte?“ Wütend stemmte Melissa die Hände in die Hüften.

„Ich hoffte, den Kaufvertrag für das Penthouse zu finden, weil ich nachsehen wollte, wie schnell du da wieder herauskommst!“

Sie blies sich eine Haarsträhne aus der Stirn und sah ihn argwöhnisch an. Wenn das stimmte, wäre es ja fast schon lieb von ihm. Andererseits – warum sollte er so etwas Nettes für sie tun?

„Ganz einfach, weil ich eine tolle Überraschung für dich habe!“ Begeistert packte Thomas die verblüffte Melissa bei den Schultern und mit leuchtenden Augen sagte er: „Stell dir vor, ich habe unser absolutes Traumhaus gefunden! Ach, was sag ich! Von wegen Haus – es ist eine Villa und zwar in Kronberg! Ist das nicht der Wahnsinn? Kostet natürlich eine Kleinigkeit, aber ich hab das schon genau durchgerechnet, mit unseren beiden Gehältern schaffen wir das!“

„Wie jetzt – ?“ Fassungslos starrte Melissa ihn an. „Eine Villa?“ Sie schluckte.

„Zugegeben, zweieinhalb Millionen sind wahrlich kein Pappenstiel, aber ich werde einfach dafür sorgen, dass du bei der nächsten Beförderungsrunde dabei bist, dann kriegen wir das schon hin! Na, was sagst du?“ Beifall heischend sah er sie an.

„Zweieinhalb Millionen?“ Melissa schwirrte der Kopf. Eben war er noch drauf und dran, sie rauszuschmeißen und jetzt drohte er ihr mit Beförderung?

„Ach, das war doch nicht so gemeint!“, tat Thomas seine Ankündigung auf Melissas Mailbox ab.

Kronberg? Was sollte sie dort, in diesem Eldorado für Superreiche und Neureiche? Sie war weder das eine noch das andere. Ganz langsam bewegte Melissa sich rückwärts und entfernte sich schrittweise von dem Mann, den sie nicht liebte und dem es einmal mehr einzig und allein darum ging, wie er von ihr profitieren könnte. Ihr Lebensglück war dem doch scheißegal! „Sag mal, tickst du noch richtig?“, rief sie aus sicherer Distanz.

Thomas sah sie verständnislos an. „Aber wieso denn? Ich dachte …“

„Es ist mir egal, was du dachtest! Ich will nicht nach Kronberg! Und außerdem …“ Mitten im Satz verlor Melissa den Faden, weil sie aus dem Augenwinkel heraus unter dem Giebel jemand auf dem Balkon stehen sah, der die Szene interessiert mitverfolgte. Vielleicht, überlegte sie schnell, war es ja gar nicht so schlecht, dass ihr Ex aufgetaucht war. Mit einem versöhnlichen Lächeln wechselte sie unvermutet die Taktik. „Können wir das bitte wie zwei erwachsene Menschen regeln?“, bat sie.

„Na, also, geht doch! Das ist die Melissa, die ich kenne.“ Thomas atmete erleichtert auf. „Hör zu, ich hab mich hier im Hotel einquartiert und werde bis morgen bleiben.“ Er kam einen Schritt auf sie zu und sagte: „Tut mir leid, wie das mit uns gelaufen ist, bitte gib mir noch eine Chance.“ Flehend sah er sie an.

Melissa wollte nicht. Jede Faser ihres Körpers rebellierte, dennoch nickte sie und sagte: „Also, gut."

„Dann geh ich mich jetzt umziehen", ging Thomas zur Tagesordnung über. Er schien zu überlegen, ob er noch mehr sagen sollte, unterließ es dann aber.

„In Ordnung, bis später", entgegnete Melissa und wollte an ihm vorbei ins Haus. Aber Thomas hielt sie am Arm fest.

„Melli?", sagte er leise und sah sie ernst an.

Melissa blieb stehen.

„Dieser Typ vorhin … Den kenne ich irgendwoher. Wie heißt der?"

Überrascht blickte sie auf. „Enrico, wieso?"

„Hm, der Name sagt mit nichts. Und wie weiter?"

Gute Frage. „Keine Ahnung, ist das wichtig?" Sie riss sich los.

„Du machst mit einem Kerl rum, von dem du nicht einmal den Nachnamen kennst?"

„Du spinnst doch!", war alles, was ihr dazu einfiel.

„Melissa!", rief er ihr im selben Tonfall nach, mit dem man ein ungezogenes Kind zurechtweisen würde. „Komm sofort zurück! Du kannst mich doch nicht einfach im Regen stehen lassen!"

Doch Melissa ließ sich nicht aufhalten, wütend stapfte sie über den Kies und verschwand im Haus.

Thomas zückte sein Handy, da hörte er hinter sich ein glucksendes Geräusch. Verwirrt sah er sich um. Einen Moment später stand er tatsächlich im Regen. Der Rasensprenger war angegangen.

Auf dem Weg nach oben hatte sich Melissas Wut ins Unermessliche gesteigert, wobei nicht eindeutig auszumachen war, welchem der drei Herren, die ihr

Leben durcheinandergewirbelt hatten, sie mehr galt: Thomas, der die Frechheit besaß, ihr mit seinem Kontrollbesuch – und nichts anderes war es! – auch noch die letzte Freude am Urlaub zu rauben; Enrico, der ihr erst tagelang schöne Augen gemacht hatte, um sie dann warmzuhalten wie eine alte Backkartoffel; oder Erik Edelmann, der sie mit seinem bescheuerten Buch überhaupt erst darauf gebracht hatte, ins Allgäu zu fahren, und dank dessen dämlicher Tagesaufgaben sie den letzten Rest ihrer Würde verloren hatte.

Sie stieß die Tür zu ihrem Hotelzimmer auf und schleuderte die Tasche aufs Bett, dabei rutschte das Buch heraus. Melissa ging die Galle über. So ein ausgemachter Schwachsinn! Von wegen: *Stressfrei in sieben Tagen!* Heute war schon der sechste Tag des Programms und sie fühlte sich gestresster denn je! Entschlossen griff Melissa nach dem Ratgeber und warf ihn im hohen Bogen in den Papierkorb. Dann riss sie die Balkontür auf und trat hinaus, sie brauchte dringend frische Luft. Doch das Quecksilber kletterte unaufhörlich höher, die Hitze war zum Schneiden dick, Melissa konnte kaum atmen.

„Grrr!“, knurrte sie genervt, ballte die Hände zu Fäusten, rauschte zurück ins Zimmer und knallte die Balkontür hinter sich zu. Ihr war danach, irgendetwas an die Wand zu werfen. Aber alles Greifbare, das man zerdeppern könnte, war Hoteleigentum, weshalb sie in ihrem eigenen Interesse davon absehen musste. Stattdessen setzte sie sich auf die Bettkante, schlug die Beine übereinander und wippte ungeduldig mit dem Fuß.

Ursprünglich hatte sie vorgehabt, den Tag auf dem Golfplatz zu verbringen. Sie wollte die achtzehn

Löcher durchspielen, um den Platz kennenzulernen. Und danach wollte sie entscheiden, ob sie sich für das Turnier anmelden sollte. Aber das konnte sie jetzt vergessen! Mit ihrem angespannten Nervenkostüm war sie gut beraten, keinen Golfschläger in die Hand zu nehmen – sie wäre glatt dazu imstande, ihn als Waffe zu gebrauchen!

Ihr Blick fiel auf den Papierkorb. Melissa beugte sich vornüber und fischte den Ratgeber wieder heraus. Es war pure Neugier, aber nun wollte sie doch wissen, wie das Programm zu Ende ging. Und was die Aufgabe für den letzten Tag gewesen wäre. Damit verstieß sie zwar erneut gegen eine Regel, denn Vorauslesen war ja strengstens untersagt, aber das war jetzt auch schon egal. Sie blätterte bis zum letzten Kapitel und las nur die Überschrift: *Sei mit allem einverstanden!* Schallend begann sie zu lachen.

Genug damit! Sie war absolut nicht einverstanden! Nicht mit dem Autor, nicht mit ihrer Situation und mit ihrem gesamten Leben nicht! Melissa zielte, schleuderte das Buch in die Luft und sah mit tiefer Genugtuung, wie es im hohen Bogen in den Papierkorb flog und darin versank.

Eines musste er ihr lassen, die Frau hatte wirklich Geschmack. Das Hotel war in jeder Hinsicht first class. Zufrieden sah Thomas sich in seinem Zimmer um, das zum Golfplatz hin ausgerichtet war, so dass er bequem von seinem Balkon aus die Spieler dabei beobachten konnte, wie sie sich abmühten, den Ball in das neunte Loch zu bekommen. Thomas war kein Golfer und hatte für diesen Sport insgesamt wenig übrig, schon allein deshalb, weil er, wollte man ihn ernsthaft betreiben, sehr viel Zeit beanspruchte – Zeit, die jemand in seiner Position nicht hatte. Aber da einige seiner besten Kunden leidenschaftliche Golfer waren, hatte selbstverständlich auch er die Platzreifeprüfung abgelegt. So war er zumindest in der Lage, über ein paar Löcher mitzuhalten, wenn auch mehr schlecht als recht. Dass allerdings Melissa ein Golfhotel gebucht hatte, verwunderte ihn dann doch. Denn seit sie vor Jahren im Urlaub die Platzerlaubnis erworben hatte, hatte sie seines Wissens nie wieder einen Golfplatz betreten. Und dann auch noch ausgerechnet dieses Hotel! Das entbehrte nicht einer gewissen Ironie. Was für ein seltsamer Zufall. Und er hoffte inständig, dass es wirklich nur um einen Zufall handelte, denn alles andere könnte ihn Kopf und Kragen kosten. Aber um das herauszufinden, war er ja hier.

Als er früh an diesem Morgen in Frankfurt losgefahren war, hatte es in Strömen geregnet. Thomas hatte versäumt, einen Blick in seine Wetter-App zu werfen – wie hätte er auch ahnen sollen, dass es im Gebirge heißer sein würde als in der Großstadt? Jetzt war er von innen durchgeschwitzt und von außen pitschnass, er brauchte erst einmal frische Klamotten. Thomas unterzog sich einer schnellen Katzenwäsche und entschied sich dann für eine beige Bermuda, ein hellgelbes Kurzarmhemd und hellbraune Slippers. Sobald er angekleidet war, machte er sich auf den Weg nach unten, um ein wenig die Umgebung zu erkunden.

In der Lobby traf er auf Enrico, der ihn mit einem knappen Nicken abspeiste und wortlos weiterging. Thomas blieb stehen, drehte sich um und sah ihm nach, wie Enrico sportlich zwei Stufen auf einmal nehmend die Treppe hochrannte. „Ich könnte schwören, dass ich diesen Typen schon irgendwo gesehen habe“, sagte er halblaut zu sich selbst.

Kati, die hinter der Rezeption stand und ihn gehört hatte, meinte lächelnd und nicht ohne Stolz: „Das ist gut möglich, er ist ja auch ziemlich bekannt!“

Interessiert wandte sich Thomas der hübschen Frau im Dirndl zu. „Tatsächlich? Wie heißt er denn?“

Mit verschlossenem Gesichtsausdruck verschränkte sie die Arme vor der Brust. Aber dann fiel ihr wieder ein, dass dieser Mann ein Bekannter von der Chefin war und sie sogar extra einem anderen Gast hatte absagen müssen, damit für ihn ein Zimmer frei wurde, was bislang noch nie vorgekommen war.

„Hier bei uns will er seine Ruhe haben, deshalb nennen wir ihn alle Enrico. Aber in Wirklichkeit …“ Sie bedeutete Thomas mit dem Zeigefinger, er solle näherkommen, stellte sie sich auf die Zehenspitzen und flüstert ihm etwas ins Ohr.

„Nicht möglich!“, rief er aus und sah sie ungläubig an. „Das ist ja ein Ding!“

Sie grinste ihn verschwörerisch an. „Aber dass das fei unter uns bleibt, gell!“

Doch Thomas hörte ihr schon nicht mehr zu. Wie in Trance starrte er den offenen Kamin am anderen Ende der Lobby an, der um diese Jahreszeit natürlich kalt war und rein dekorativen Zwecken diente. Das waren ja hochspannende Neuigkeiten! Ob die liebe Melissa ahnte, mit wem sie sich da eingelassen hatte? Vermutlich nicht. Geistesgegenwärtig steckte er Kati einen Zwanziger zu, den die diskret unter ihrer Dirndlschürze verschwinden ließ. Die vertrauliche

Information wäre ihm noch viel mehr wert gewesen – er hatte doch gleich gewusst, dass er den Mann kannte! Thomas konnte es kaum erwarten, Melissas Gesicht zu sehen, wenn er die Bombe platzen ließ!

Er begab sich hinaus auf die Hotelterrasse und rief übermütig einem vorbeieilenden Serviermädchen zu: „Champagner bitte, aber den teuersten, den Sie haben!“

Sie musste unbedingt etwas unternehmen, so ging das nicht weiter! Melissa überlegte, welchen der Herren sie sich zuerst vorknöpfen sollte und entschied sich für Thomas. Wenn sie es klug anstellte, konnte sie ihn vielleicht dazu bewegen, wieder abzureisen. Der hatte Nerven! Eine Villa in Kronberg! Was dachte der sich nur dabei? Glaubte er etwa, dass sie käuflich war und für ein altes Gemäuer im Millionenviertel ihm den Seitensprung mit Rebekka verzeihen würde? Denn dass zwischen den beiden etwas gelaufen war, stand für Melissa außer Frage. Ihm hätte sie das niemals zugetraut, dazu war er viel zu phlegmatisch, aber Rebekka war allgemein dafür bekannt, dass sie nichts anbrennen ließ und obendrein händeringend auf der Suche war nach einem finanziell potenten Ehemann. Bitteschön, dachte Melissa, den kannst du haben! Aber erst, wenn ich mit ihm fertig bin!

Sie war drauf und dran, das Zimmer zu verlassen, da besann sie sich und öffnete den Kleiderschrank. Wenn es schon einen Showdown geben sollte, wollte sie auch alle Waffen zum Einsatz bringen, die ihr zur Verfügung standen. Schnell schlüpfte Melissa aus dem pinkfarbenen Trägerkleidchen und tauschte es gegen ein luftiges, schwarzes Cocktailkleid mit tiefem Rückenausschnitt aus. Sie zurrte ihr Haar zu einem Ballerinaknoten zusammen, legte einen dramatischen Lidstrich auf und malte sich die Lippen knallrot an. Schmatzend presste sie sie ein paarmal aufeinander und stellte zufrieden fest, dass der sündhaft teure Lippenstift hielt, was die Verkäuferin versprochen hatte, er war kussecht. Nicht etwa, dass sie vorgehabt hätte, Thomas zu küssen – Gott bewahre! Aber es konnte ja nichts schaden, wenn in der Hitze des zu erwartenden Gefechts die Farbe an Ort und Stelle blieb.

Melissa stieg in ihre hochhackigen Sandalen, packte die wichtigsten Gegenstände aus ihrer Beuteltasche in eine schicke Handtasche mit silberner Kette um, die sie lässig über die Schulter hängte. Ein allerletzter Blick in den Spiegel, dann konnte es losgehen.

Es war nicht schwer zu erraten, wo Thomas zu finden war. Im Zweifelsfall immer an der Bar. Da die Hotelbar jedoch um diese Zeit noch geschlossen war, versuchte Melissa es zuerst auf der Terrasse. Vor der Rezeption bog sie links ab, um durch den Seiteneingang nach draußen zu gelangen.

Kati, die gerade am Telefon war, blieb bei ihrem Anblick der Mund offen stehen. Vergnügt zwinkerte Melissa ihr zu. Wer hätte gedacht, dass ein Auftritt als Racheengel ihr solchen Spaß bereiten würde!

Im Türrahmen blieb sie einen Augenblick stehen, um sich umzusehen und auch, um die Wirkung ihres Auftritts zu intensivieren. Thomas saß wenige Meter von ihr entfernt an einem Tisch nahe der Balustrade. Melissa musste nicht lange warten. Er stellte sein

Glas ab, sah auf, entdeckte sie und riss erstaunt die Augen auf. Wie aufs Stichwort setzte Melissa sich in Bewegung und stolzierte auf ihn zu. Mit einiger Befriedigung nahm sie wahr, wie die Gespräche an den Tischen nach und nach verstummten und alle Köpfe sich nach ihr umdrehten.

„Wow!“ Thomas schoss hoch und beeilte sich, für Melissa einen Stuhl zurechtzurücken. „Du siehst fantastisch aus!“ Er reichte ihr die Hand und musterte sie einen Moment lang eingehend, ehe er sie Platz nehmen ließ. Kopfschüttelnd setzte er sich wieder hin. „Ich weiß gar nicht, was ich sagen soll … Melissa, du bist wirklich eine Klassefrau! Und ich möchte mich nochmals in aller Form dafür entschuldigen, sollte ich diese Tatsache in letzter Zeit nicht ausreichend honoriert haben.“

Seine Wortwahl verursachte Melissa beinahe einen Würgreiz, aber sie hielt sich wacker. Als er die Champagnerflasche aus dem Kühler nahm und sie fragte: „Du trinkst doch zur Feier des Tages mit mir einen Schluck?“, konnte sie nur nicken. Gierig griff sie nach dem Glas und leerte es bis zur Hälfte, während Thomas` Augen immer größer wurden. Er schenkte ihr umgehend nach und es war nicht schwer zu erraten, dass er sich auf der Siegesstraße wähnte.

„Ich denke, wir sollten die nächsten Schritte besprechen“, sagte er, nachdem er sein Glas abgestellt hatte.

„Welche nächsten Schritte?“, fragte Melissa und musste die Ahnungslose nicht spielen, denn sie hatte tatsächlich keinen blassen Schimmer, worauf er hinaus wollte.

„Zuallererst musst du natürlich den Kauf der

Wohnung rückgängig machen", erklärte er. „Gleich danach steht dann der Umzug in die Villa an." Er lehnte sich entspannt zurück und schlug die Beine übereinander. „Ich hab mir gedacht, ich geb dir ein paar Wochen Sonderurlaub, dann kannst du dich ungestört um alles kümmern."

Melissa hätte sich beinahe an ihrem Champagner verschluckt. Schnell stellte sie das Glas ab und sah ihn ungläubig an. „Sonderurlaub?", echote sie. „Aber wie stellst du dir das vor? In sechs Wochen steht die Übernahme bei Haller und Söhne an, da kann ich doch nicht einfach fehlen!"

„Und ob du das kannst!", sagte Thomas gönnerhaft. „Der Deal hat sich nämlich erledigt!" Er lachte herzhaft.

„Wie das?", fragte Melissa und ahnte bereits, dass ihr seine Antwort nicht gefallen würde.

„Haller Senior hatte im Urlaub einen Herzinfarkt und musste kurzfristig die Geschäfte seinem ältesten Sohn übergeben."

„Sören? Aber der wollte doch mit der Firma nie etwas zu tun haben! Lebt der nicht sogar im Ausland?" Verwirrt sah Melissa Thomas an, der in diesem Augenblick mehr als alles andere ihr Chef war.

„Das ist richtig, deshalb hat er auch sofort den Deal mit der Goldberg GmbH abgeblasen und stattdessen veranlasst, dass Haller an einen chinesischen Investor verkauft wird."

„Wie bitte?" Melissa richtete sich kerzengerade auf. „Und wieso erfahre ich davon erst jetzt?"

„Du warst nicht da und dein Handy war ständig aus, da habe ich eben Thor mit dem Fall betraut –

dem du im Übrigen dankbar sein solltest, er hat nämlich den Kontakt zu den Chinesen gemacht!"

„Thor?", rief sie aus. „Das ist jetzt aber nicht dein Ernst!"

„Mein voller!" Er beugte sich vor. Eindringlich sagte er zu ihr: „Jetzt denk doch mal nach! Das ist deine Chance! Ich halte dir den Rücken frei, während du deine Überstunden abfeierst und unseren Umzug organisierst. Der Plan ist doch genial!"

„Wirklich genial", sagte sie resigniert und ließ sich in ihrem Sitz zurückfallen. Das konnte doch alles nur ein böser Traum sein! Glaubte der allen Ernstes, ihr mit seiner Strippenzieherei eine Freude zu bereiten? Sie war doch nicht die Gretl aus dem Kasperle-Theater, die er auftreten und abtreten lassen konnte, wie er gerade wollte! Melissa wollte aufstehen und gehen, doch Thomas sagte: „Beruhige dich bitte, es ist doch nur ein Vorschlag, wir können das in aller Ruhe besprechen!"

„Toller Vorschlag", entgegnete sie und stand bereits.

„Bevor du gehst, solltest du aber eines noch wissen."

Misstrauisch sah sie ihn an.

„Dein Enrico ..."

„Er ist nicht mein Enrico!"

„Egal, jedenfalls – dieser Enrico, weißt du, wie der im richtigen Leben heißt?" Thomas lehnte sich zurück und verschränkte die Arme vor der Brust. „Erik Edelmann!", ließ er die Katze aus dem Sack und beobachtet genüsslich, wie Melissas Mienenspiel von fassungslos zu wütend wechselte. Wortlos griff sie nach ihrer Tasche und ging.

Thomas sah ihr gelassen nach. Damit hatte er die Lawine ins Rollen gebracht, die Melissa unausweichlich mitreißen und pfeilgerade zurück in seine Arme spülen würde, dessen war er sich gewiss. Auf diesen Erfolg musste er sofort eine weitere Flasche Schampus ordern.

Melissa fühlt sich betrogen, und das gleich doppelt. Womit hat sie es verdient, dass jeder Mann glaubte, er könne mit ihr ungestraft seine Spielchen treiben? Und warum gab Enrico oder Erik oder wie auch immer er in Wirklichkeit heißen mochte sich als jemand anderer aus? Fragen über Fragen und keine Antworten. Aber Melissa wollte nur noch eines: Nach oben, ihre Sachen packen und dann nichts wie weg!

Doch als sie an der Rezeption vorbeikam, hörte sie heftiges Gezeter und Geschrei. Es klang nach einem handfesten Streit, der aus dem nebenan Büro zu kommen schien. Die Tür stand einen Spalt weit offen, aber Melissa konnte niemanden sehen. Allerdings erkannte sie Gudrun an der Stimme. Auf Zehensitzen pirschte sie sich näher heran, griff nach einem herumliegenden Magazin und tat so, als ob sie lese. Angestrengt sperrte Melissa die Ohren auf und lauschte. Drei verschiedene Stimmen konnte sie identifizieren, eine davon gehörte Basti und die andere Fons. Ob es um seine heimliche Liaison mit Gudrun ging? Vielleicht würde sie ja jetzt endlich erfahren, was bei dem unfreiwilligen Rendezvous herausgekommen war.

„Mama, was will dieser Typ hier?“, hörte sie Basti fragen. „Du darfst das Hotel nicht verkaufen! Das hätte Papa niemals gewollt!“

„Und was soll ich deiner Meinung nach tun?“ Das war unverkennbar Gudrun. “Der Halbermoser hat mich heute Morgen angerufen, um mich vorzuwarnen, dass die Bank mir am Montag den Kredit kündigen wird! Ist ja nobel von ihm, mir das unter der Hand mitzuteilen, aber was nützt mit das jetzt noch?“, sagte sie, sie klang verzweifelt.

„Kann ich dir nicht aushelfen?“, bot Fons sich an.

„Du?“ Gudrun lachte laut auf, aber dann wurde sie sarkastisch. „Ich weiß ja nicht, was dein Busle-Fahren über die Jahre so abgeworfen hat, aber falls du irgendwo noch eine halbe Million herumliegen hast, nur immer her damit!“

„Eine halbe Million? So viel?“ Fons war entsetzt. „Aber wie ist das denn möglich?“

„Ja, das wüsste ich aber auch gern“, stieß Basti ins gleiche Horn. „Wie konnte es überhaupt so weit kommen? Ich meine, so viel Geld – das passiert doch nicht über Nacht!“

„Basti, bitte!“ Das war eindeutig Kati, sie musste also auch mit im Raum sein.

„Ach, lasst mich doch in Ruhe! Wenn ihr alle gescheiter seid, dann könnt ihr ja das Hotel führen! Ich jedenfalls mag nicht mehr!“ Die Tür flog auf und Gudrun kam herausgelaufen. In allerletzter Sekunde konnte Melissa sich hinter eine Couch in der Lobby ducken. Aufgebracht rauschte die Hotelchefin an ihr vorbei und durch den Haupteingang nach draußen.

Von drinnen hörte sie Fons sagen: „Wir müssen was unternehmen und verhindern, dass dieser Heini aus Frankfurt sich das Hofgut unter den Nagel reißt!“

Melissa wurde blass. Damit konnte nur Thomas gemeint sein! Plötzlich schwanten ihr die Zusammenhänge. Sie musste an den riesigen Hoteldeal denken, den Thomas im vergangenen Jahr für einen arabischen Sultan abgewickelt hatte, der darauf aus war, sich in Europa eine Kette von Luxushotels zusammenzukaufen. Das würde auch die drei finsteren Männer mit der dicken Limousine erklären. Aber noch etwas wurde ihr im Zuge dessen bewusst: Wenn sie mit ihrer Vermutung richtig lag, war Thomas gar nicht wegen ihr hier!

Melissa hatte genug gehört. Leise und unbemerkt machte sie sich davon, nahm aber eine spontane Planänderung vor. Abreisen kam nicht mehr in Frage, jetzt hatte sie eine neue Mission! Sie musste Gudrun helfen, das Hotel zu retten! Und wenn auch nur, um Thomas die Suppe tüchtig zu versalzen! Und dann war da noch Enrico, der sollte auch nicht ungeschoren davonkommen!

Schnurstraks marschierte sie hinauf in ihr Zimmer, holte das Buch aus dem Papierkorb und machte sich damit auf den Weg zu seinem Autor. Angriff war die beste Verteidigung, außerdem war sie grade so richtig in Fahrt. Melissa klopfte das Herz bis zum Hals, als sie vor der Holztür am Ende des Flurs stand, von der sie glaubte, dass sie in Enricos Zimmer hinaufführte. Sie nahm allen Mut zusammen und griff nach der Klinke. Hinter der Tür befand sich eine steile Stiege, die zu erklimmen in den hohen Hacken gar nicht so einfach war. Oben angelangt, atmete Melissa tief durch, dann klopfte sie energisch an die Tür.

Enrico öffnete überraschend schnell. Hatte er etwa hinter der Tür gelauert? Er trug nichts als eine Boxershorts, sein Haar war verstrubbelt und sein

Gesicht zerknautscht, als hätte er ein Schläfchen gehalten. Der unerwartete Anblick irritierte Melissa, aber nur ganz kurz.

„Wohnt hier zufällig ein gewisser Erik Edelmann?“, fing sie an und klatschte ihm das Buch gegen die nackte Brust. „Ich habe nämlich ein Hühnchen mit ihm zu rupfen!“ Sie spazierte an ihm vorbei in das kleine Zimmer.

Geistesgegenwärtig hielt Enrico das Buch fest und sagte: „Jetzt komm doch erstmal rein!“ Dabei war sie längst drin.

„Was glaubst du eigentlich, wer du bist? Der liebe Gott?“ Sie schnaubte wütend.

Erst jetzt bemerkte Enrico ihr Outfit. Er pfiff leise durch die Zähne. „Alle Achtung, du siehst rattenscharf aus!“

„Lenk nicht ab!“, rief sie erbost.

Er lehnte sich lässig gegen den Türrahmen – und grinste.

„Da gibt`s gar nichts zu grinsen, das ist nicht lustig!“, stellte Melissa klar.

Aber Enrico konnte an ihren Augen ablesen, dass sie ihm nicht ernsthaft böse war. Er stieß sich ab, durchquerte den Raum und öffnete eine kleine Mansardentür. Mit einer Flasche Schnaps – einem hervorragenden Allgäuer Obstler – kam er wieder zurück.

„Ich erwarte eine Erklärung!“, sagte Melissa ungeduldig, während er zwei Stamperl mit der klaren Flüssigkeit füllte. Eines davon reichte er an sie weiter.

Verwirrt sah sie ihn an, nahm ihm dann aber das Glas ab, kippt den Schnaps hinunter und hielt ihm das leere Stamperl wieder hin. Ohne mit der Wimper zu zucken füllte Enrico nach. Dabei hätte er schwören können, dass Melissa schon einen sitzen hatte.

„Los jetzt! Ich will die Wahrheit wissen, und zwar die ganze! Was soll das Theater? Wer bist du? Und warum gibst du dich für jemand anderes aus?“

Erschöpft von der langen Rede sank Melissa auf die Kante seines Schreibtischstuhls. Enrico setzte sich neben ihr aufs Bett.

„Also, gut, der Reihe nach und in Kurzfassung. Ja, ich bin Erik Edelmann. Aber dann bin ich es auch wieder nicht.“

Melissa blinzelte ihn verständnislos an.

„Es ist ein Pseudonym. Nur der Vorname stimmt, ich heiße tatsächlich Erich. Wie du schon weißt, bin ich von Beruf Journalist, das war nicht gelogen. Ich war Auslandskorrespondent, später Kriegsberichterstatter, aber nach der Geschichte in Afrika … Ich hielt das psychisch nicht mehr aus. Deshalb bin ich nach Deutschland zurückgekommen. Anfangs schrieb ich als freier Texter für Tageszeitungen und Magazine und gelegentlich auch für eine psychologische Revue. Dabei ist mir dann die Idee zu meinem ersten Buch gekommen. Was soll ich sagen? Es wurde aus dem Stand ein Bestseller! Und so bin ich dabei geblieben.“

„Aber was du da schreibst … Das funktioniert doch überhaupt nicht!“, sagte Melissa. „Ich meine, schau mich doch an! Ich bin kein bisschen weniger gestresst als vor sieben Tagen!“

Enrico begann zu lachen und nicht einmal ihr bitterböser Blick konnte ihn dazu bringen, aufzuhören.

„Das ist nicht witzig!“, sagte sie störrisch.

„Aber du bist witzig!“ Er lachte immer noch. „Mal

im Ernst, Melissa. Die Leute wollen doch belogen werden! Hast du wirklich geglaubt, in sieben Tagen all den Stress loswerden zu können, den du über viele Jahre angesammelt hast? Das ist doch Nonsens! Man kann nicht stressfrei werden in nur sieben Tagen – genauso wenig, wie man in einer Woche glücklich werden kann!“

„Kann man nicht?“, fragte sie naiv und wünschte, er hätte eine andere Antwort für sie gehabt.

„Nein. Kann man nicht“, raubte er ihr jede Hoffnung.

„Aber wie denn dann?“ Melissa war völlig am Ende. Sie hatte das Gefühl, den Boden unter den Füßen zu verlieren und jeden Moment einen Nervenzusammenbruch zu erleiden.

Enrico bemerkte es. Er rückte näher und legte ihr behutsam den Arm um die Schultern. Melissa brachte nicht die Kraft auf, sich dagegen zu wehren. Sie wollte es auch gar nicht.

„Es tut mir leid, wenn ich dich verletzt habe, das war ganz bestimmt nicht meine Absicht!“, sagte er. „Aber du musst mich auch verstehen. Wie ich dich da habe im Park liegen sehen, mit meinem Buch vor der Nase – die Verlockung, live mitzuerleben, wie jemand mein Programm durchzieht, war einfach zu gross! Kannst du mir bitte, bitte vergeben?“ Treuherzig sah er sie an.

Melissa nickte, für alles andere als Vergebung war sie viel zu müde. Und vielleicht war dieser Herr Edelmann ja doch ganz nett. Und dann seine Augen… Und dennoch. „Aber du hast mich belogen! Hintergangen! Verarscht!“ Traurig schaute sie ihn an.

„Stimmt leider alles“, sagte er, „aber ich habe dir

damit keinen Schaden zugefügt." Und mit ernstem Unterton ergänzte er: „Außerdem bin ich immer noch der Mann, den du kennengelernt hast."

In ihrer Tasche klingelte das Handy. Umständlich kramte Melissa es heraus und ging ran. Sie hörte einen Wortschwall am anderen Ende und brauchte eine Minute, ehe sie begriff, dass es ihre Schwester Kerstin war! Melissa warf Enrico einen entschuldigenden Blick zu, stand auf und ging.

Wie es ihre Art war, kam Kerstin ohne Umschweife zur Sache. „Sag mal, wo steckst du? Seit Tagen versuche ich Dich zu erreichen! Dein Handy ist aus, zuhause geht keiner ran und im Büro nimmt auch niemand ab!"

Der letzte Punkt war äußerst interessant, aber Melissa kam nicht dazu, nachzuhaken, denn ihre Schwester war noch nicht fertig.

„Und warum hast du Mutter nicht zurückgerufen? Ihr geht es nicht gut und ich verstehe wirklich nicht, wie du sie in ihrem Zustand jetzt alleinlassen konntest!"

„Und du? Wie konntest du es?", schoss Melissa messerscharf zurück.

„Na hör mal, ich habe eine Familie, die mich braucht, außerdem lebe ich hunderte Kilometer von ihr entfernt, da ist es ja wohl nicht zu viel verlangt, dass du dich um sie kümmerst, oder? Immerhin hat sie dich jahrelang durchgefüttert!"

„Durchgefüttert?" Melissa blieb die Spucke weg. „Sie ist meine Mutter!"

„Papa findet übrigens auch, dass …"

Aber Melissa wollte nicht hören, was ihr Erzeuger

zu dem Schlamassel zu sagen hatte, den sie nicht zuletzt auch ihm verdankte. Wäre er nämlich nicht gegangen, dann wäre er jetzt derjenige, der die übellaunige Frau, der man nichts recht machen konnte, an der Backe hatte! Und wer weiß, vielleicht wäre sie dann ja gar nicht erst krank geworden …

Melissa legte ohne ein weiteres Wort auf. Und dann heulte sie wirklich.

Ein leises Klopfen schreckte sie auf, jemand war an der Tür. Sie wischte sich die Tränen ab, wodurch sie die Mascara übers ganze Gesicht verteilte, dann machte sie auf. Es war Enrico.

„Oh, so schlimm?" Er trat ein und tat das einzig richtige. Er schloss Melissa in die Arme und hielt sie so lange fest, bis sie aufhörte zu schluchzen und das Zittern nachließ. Erst dann wagte er die Frage zu stellen, die er schon geraume Zeit mit sich herumtrug.

„Wer ist der Mann, der dich so tief verletzt hat, dass du dir nicht mehr erlaubst, zu lieben?"

Es kam nicht überraschend, dass Melissa auf diese Frage hin herzzerreißend aufseufzte und erneut zu weinen begann.

Behutsam drückte Enrico sie aufs Bett, setzte sich daneben und schloss das Häufchen Elend in seine starken Arme. „Ist es der schmierige Typ von vorhin?", fragte er leise und strich ihr sachte eine Haarsträhne aus der erhitzten Stirn.

„Ja, nein", sagte Melissa. „Auch."

„Lass mich raten: Es gab schon einen davor? Und seitdem fährst du mit angezogener Handbremse und suchst dir bewusst oder unbewusst Männer aus, die vermeintlich mehr für dich empfinden als du für sie, damit du in der Beziehung die Oberhand behältst?"

Melissas Schluchzen brach ab, erstaunt sah sie ihn an. „Könnte schon sein“, gab sie zögerlich zu.

„… oder war der erste Mann, der dich verlassen hat, vielleicht sogar dein Papa?“

Volltreffer und versenkt. Bei Melissa brachen alle Dämme. Sie verbarg ihr Gesicht an Enricos Hals und heulte sich aus. Er hielt sie fest, wiegte sie in seinen Armen wie ein zahnendes Kleinkind und verwünschte jeden einzelnen Kerl, der diesem anbetungswürdigen Geschöpf wehgetan hatte. Und er schwor sich hoch und heilig, sich niemals in diese fragwürdige Schlange einzureihen! Bei diesem Gedanken konnte Enrico nicht anders, er musste mitweinen.

Als Melissa sich nach einer gefühlten Ewigkeit wieder beruhigt hatte, strich er ihr zärtlich über die Wange und sah ihr tief in die Augen. Er hatte größten Respekt davor, es auszusprechen. Aber nicht alles, was er in seinen Büchern geschrieben hatte, war verkehrt. Ein Satz zum Beispiel war ihm wichtig geworden. *Es gibt keinen anderen Weg zu wahrem Liebesglück als Mut.* Und bevor letzterer ihn wieder verließ, sagte er schnell: „Melissa, glaubst du mir, wenn ich dir sage, dass ich dich liebe? Wahrhaft liebe? Von ganzem Herzen und mit allem, was in mir ist und wie ich noch nie eine Frau geliebt habe?“

Ihr Blick spiegelte eine Mischung aus Freude und Entsetzen wider. Melissa hörte tief in sich hinein. Ja, sie glaubte ihm. Und weil sie zu überwältigt war, um zu sprechen, nickte sie nur. Und dann endlich küsste er sie! Es war der süßeste, tiefste, längste und leidenschaftlichste Kuss, den sie jemals bekommen hatte. Melissa wollte gar nicht mehr damit aufhören, aber mittendrin fiel ihr wieder der Streit ein, den sie in der Lobby mitbekommen hatte, und sie ließ plötzlich von ihm ab.

„Was?“, fragte Enrico irritiert. Er bebte am ganzen Körper und konnte kaum noch einen klaren Gedanken fassen. Es fehlte nicht viel und er wäre er hier und jetzt über sie hergefallen.

„Ich muss dir was erzählen“, sagte sie.

„Jetzt?“ Oh, Mann! Diese Frau schaffte ihn wirklich.

Melissa nickte ernsthaft. Und dann berichtete sie ihm von dem Streitgespräch, das sie mehr oder weniger zufällig mitangehört hatte. „… und deshalb glaube ich, dass Gudrun ernste finanzielle Probleme hat“, schloss sie ihre Berichterstattung.

„Damit liegst du leider richtig“, bestätigte Enrico.

Verblüfft sah sie ihn an. „Du weißt davon?“

Er nickte. „Gudrun Helwig ist meine Tante“, erklärte er.

„Und Basti dein Cousin?“, schlussfolgerte Melissa.

„Die beiden sind alles, was ich an Familie habe.“

„Oh“, sagte sie bestürzt. „Dann sind deine Eltern wohl …“ Sie sprach es nicht aus.

„Was? Ach so, nein!“, beeilte er sich richtigzustellen. „Denen geht’s prima, aber ich sehe sie selten, denn sie leben in den USA. Mein Vater ist nämlich Musikprofessor in New York.“

Deshalb also Salzburg. So langsam schloss sich der Kreis. „Aber, wenn Gudrun und Basti deine Familie sind, dann müssen wir ihnen doch erst recht helfen, oder?“, gab sie zu bedenken.

„Hab ich schon erwähnt, dass ich dich liebe?“, flachste Enrico und drückte ihr einen dicken Schmatz auf die Wange.

Melissa kicherte.

„Und du denkst, es ist noch nicht zu spät?“, fragte er zweifelnd.

„Keine Ahnung, aber ich würde es gern versuchen. Marode Firmen zu retten ist nämlich rein zufällig mein Beruf!“, sagte sie.

„Ich weiß“, musste Enrico zerknirscht gestehen.

Worauf er von Melissa zuerst eine Kopfnuss kassierte und dann schwindlig geküsst wurde.

Thomas war mit seiner Geduld am Ende. Er hätte darauf wetten können, dass Melissa diesem Hochstapler den Laufpass gab und erkannte, was sie an ihm hatte. Aber inzwischen war auch die zweite Champagnerflasche fast geleert und bei dieser Affenhitze stieg ihm das Prickelwasser ordentlich zu Kopf. Übellaunig wollte er aufstehen, kam aber nicht auf Anhieb hoch. Er schnaufte ein paarmal kräftig durch, aber noch ehe er einen neuen Versuch starten konnte, sah er durch die geöffnete Flügeltür hindurch Melissa in der Halle vorbeilaufen – Hand in Hand mit diesem Schwindler!

Thomas glaubte, seinen Augen nicht zu trauen. Da versteh einer die Frauen! Frustriert griff er nach der Flasche und schüttete den letzten Schluck in sein Glas, wobei er so sehr zitterte, dass die Hälfte daneben ging. Er hob das Glas, setzte es an und trank die lauwarme Plörre aus. Was soll`s! Er hatte ohnehin Wichtigeres zu tun, als seiner abtrünnigen Ex nachzulaufen, er musste sich um seine Geschäfte kümmern. Endlich schaffte er es, sich zu erheben. Mit unsicheren Schritten wankte er in die Hotellobby, wo er beinahe mit einem gedrungenen Mann mit grauem

Schnauzer zusammenstieß. Der begann sofort heftig gestikulierend mit ihm zu schimpfen. Er sprach jedoch eine Sprache, die Thomas nicht verstand. Einzig die Worte „Gauner“ und „Halsabschneider“ waren ihm geläufig. Wer war dieser Kerl? Und was wollte er von ihm?

„... damit wir uns richtig verstehen: Du kannst deine Koffer packen und abreisen, dieses Hotel wird nicht verkauft!“, rief Fons ihm hinterher.

Thomas drückte den blinkenden Knopf am Lift und lachte. Das werden wir ja noch sehen, dachte er. Sein Kunde, der Sultan, hatte bislang noch immer Mittel und Wege gefunden, unwillige Geschäftspartner zum Verkauf zu bewegen. Dabei mochte es nach hiesigem Verständnis nicht unbedingt legal zugehen, aber das war Thomas einerlei. Am Ende zählte nur das Ergebnis.

„Tante Gudrun, wir müssen mit dir reden!“, platzte Enrico mit der Tür ins Haus, sowie er selbige hinter sich geschlossen hatte.

„So? Müsst ihr das? Na, da bin ich aber mal gespannt!“ Gudrun saß an ihrem Schreibtisch, legte den Bleistift aus der Hand und sah die beiden abwartend an. Sie glaubte zu ahnen, was als nächstes kommen sollte.

„Zufällig habe ich mitbekommen, dass dein Hotel offenbar in finanziellen Schwierigkeiten steckt“, fing Melissa an. Sofort wollte Gudrun sie unterbrechen, aber Melissa ließ die Patronin nicht zu Wort kommen. „... und da ich bei einer Bank arbeite und unter anderem für Firmenfinanzierungen zuständig bin, dachte ich, dass ich mir den Fall vielleicht einmal unverbindlich ansehen könnte? Möglicherweise gibt es ja noch eine andere Lösung als die Veräußerung", vollendete sie ihr Anliegen.

„Melissa saniert Unternehmen", setzte Enrico nach, „sie kennt sich mit sowas aus!"

„Das hab ich schon verstanden, mein Junge, ich bin ja nicht senil!" Und an Melissa gewandt, sagte Gudrun: „Und woran denkst du da genau, wenn ich fragen darf?"

„Das kann ich so aus dem hohlen Bauch heraus nicht sagen, dazu müsste ich mir erst einen Überblick über die Zahlen verschaffen – natürlich nur, wenn du das möchtest!"

Gudrun blieb skeptisch. „Euch zwei sollte ich keinen Meter mehr über den Weg trauen, nach allem, was ihr euch geleistet habt!", sagte sie und schaute die beiden durchdringend an, worauf Melissa und Enrico zu Boden blickten wie zwei Schulbuben, die der Lehrer beim Abschreiben erwischt hat. „Und dass ihr euch ausgerechnet den alten Pavillon ausgesucht habt …" Ungläubig schüttelte sie den Kopf. „Ihr konntet das natürlich nicht wissen, aber dort hat mir Herbert seinerzeit den Heiratsantrag gemacht!"

Ihr strenger Blick verschwand und sie fing an zu lachen. „Also gut", sagt sie, „zu verlieren haben wir ja nichts mehr. Was brauchst du?"

Melissa zog sich einen Stuhl an den Besprechungstisch und begann aufzuzählen, welche Unterlagen sie benötigte, worauf Gudrun aufstand und alsbald im Büro hin- und herlief, hier einen Aktenschrank öffnete und dort ein Schubfach aufzog, um das Gewünschte herbeizuschaffen.

Und mit Feuereifer legte Melissa los.

Enrico übernahm die ehrenvolle Aufgabe, die beiden Frauen mit Essen und Getränken zu versorgen, und später, nachdem Gudrun zu Bett gegangen war, Melissa mit einer kleinen Nackenmassage zu verwöhnen …

Sei mit allem einverstanden!

Es war ein strahlend schöner Morgen, dem Melissa heute aber nichts abgewinnen konnte. Sie war total erledigt! Erst weit nach zwei Uhr hatte sie den Weg ins Bett gefunden, aber jetzt war die Kuh vom Eis. Noch spät am Abend hatte sie gemeinsam mit Gudrun Herrn Halbermoser angerufen und ihren Schlachtplan durchgegeben. Der Mann schien schwer in Ordnung, jedenfalls war er erfreut zu hören, dass es eventuell doch noch eine Möglichkeit gab, das Hotel vor dem drohenden Verkauf zu retten. Den Lösungsansatz, den Melissa ihm vorgetragen hatte, fand er äußert plausibel und durchdacht. Er war mit allem einverstanden – was nicht zuletzt auch damit zusammenhängen könnte, dass er im Stadtrat saß und betont hatte, wie sehr die Gemeinde es bedauern würde, wenn das Hotel in fremde oder – Gott verhüte! – gar ausländische Hände gelangen würde. Gleich am Montagmorgen wollte er die beiden Frauen in seinem Büro sehen, was bedeutete, dass Melissa ihren Aufenthalt um mindestens einen Tag verlängern musste. Diese Aussicht entlockte ihr bei aller Müdigkeit ein glückseliges Lächeln.

Ihr nächster Gedanke galt Enrico, der den ganzen Abend lang wunderbar für sie gesorgt hatte, ein Zustand, an den sie sich gewöhnen könnte! Melissa räkelte sich wohlig in ihren Daunen und dachte, wie froh sie doch war, dass sie sich nicht zum Golfturnier angemeldet hatte. Allerdings spielte Enrico mit und das wollte sie sich keinesfalls entgehen lassen. Ein Blick auf die Uhr sagte ihr, dass sie sich beeilen musste, wenn sie zum ersten Abschlag vor Ort sein wollte. Ein Blick auf ihr Handy sagte ihr, dass sie dort schon sehnlichst erwartet wurde – Enrico hatte ihr eine schmachtende SMS geschickt!

In einer weißen Siebenachtelhose und einem dunkelroten Poloshirt tauchte Melissa eine halbe Stunde später am Golfplatz auf.

Enrico begrüßte sie mit einer warmen Umarmung und einem innigen Kuss, doch dann folgte eine schlechte Nachricht: „Ich hab mir schon gedacht, dass du kneifst, deshalb war ich so frei, dich heimlich einzuschreiben!“, gestand er ihr.

Erschrocken ließ Melissa ihn los. „Das soll wohl ein Scherz sein, oder?“

Aber Enrico schüttelte bedauernd den Kopf. „Keineswegs!“

„Auf gar keinen Fall spiele ich ein Turnier auf einem Platz, den ich nicht kenne! Ich blamiere mich doch nicht freiwillig bis auf die Knochen!“, brach es entrüstet aus ihr heraus.

Tom trat hinzu und sagte in seiner gewohnt ruhigen Art: „Melissa, vergiss nicht, es ist nur ein Spiel …“

„Trotzdem!“, befand sie und schaltete auf stur.

„Jetzt komm schon, ich wette, du spielst viel besser als ich!“, ermutigte Enrico sie. „Lass uns einfach Spaß haben!“

Jeder Widerspruch war zwecklos, die beiden ließen nicht locker. Plötzlich stand eine bildschöne, blonde Frau neben Tom und sah Melissa interessiert an.

„Darf ich vorstellen, das ist meine Frau Jane!“, sagte er voller Stolz.

Dann war er also doch verheiratet! Aber Melissa merkte, dass ihr das nichts ausmachte, sie verspürte keinen Funken Eifersucht. Im Gegenteil, Jane war ihr sofort sympathisch.

„Natürlich spielst du mit!“, sagte sie in gebrochenem Deutsch. „Es ist doch …“

„… nur ein Spiel!“, vollendete Melissa ihren Satz und alle lachten.

Aber wie schon vorhergesehen, geriet das Turnier für Melissa zur Tortur. Lief es anfangs noch überraschend gut, so war ab Loch sechs die Luft raus. Sie schaufelte den Ball über den Platz und war dankbar, dass die Zuschauermenge mit jedem gespielten Loch überschaubarer wurde. Als dann auch noch Thomas hinter ihr am Abschlag stand und meinte, sie anfeuern zu müssen, war Melissa an ihrem persönlichen Tiefpunkt angelangt.

„Komm, streng dich an!“, rief er ihr zu. „Das hier ist ein Turnier und kein Spaziergang!“

Falls sie das motivieren sollte, erreichte er damit das Gegenteil. Und wenn sie es sich recht überlegte, war er so auch als Chef – ein unerbittlicher Antreiber, der ohne Rücksicht auf Verluste das Maximum aus seinen Mitarbeitern herausholen wollte. Wie lange wollte sie sich diese Sklavenschinderei eigentlich noch gefallen lassen?

„Jetzt schlag schon ab, Zeit ist Geld!“, brüllte er.

Genervt drehte Melissa sich zu ihm um. „Was soll das Geschrei?“, heischte sie ihn an. „Es ist doch nur ein Spiel!“

Die Umstehenden lachten und applaudierten.

Melissa wandte sich wieder ihrem Spiel zu und legte einen sauberen Abschlag hin. Zufrieden sah sie dem Ball nach, der nur wenige Meter vom Green entfernt ins Gras fiel und trotz des starken Gefälles liegen blieb. Dass sie sich gegen Thomas gewehrt hatte, wirkte wie ein Befreiungsschlag, ab diesem Moment lief es immer besser.

Trotzdem landete sie in der Gesamtwertung der Damen auf dem letzten Platz. Enrico, der ebenfalls weit abgeschlagen einen der letzten Ränge belegte, bestand darauf, ihr die Medaille zu überreichen – und ihren Preis!

„Ich gratuliere zu deinem Gewinn, einem Einhundert-Euro-Gutschein für das Schuhaus Bayerl in Oberstaufen!", las er vor.

„Aber wieso hab ich denn was gewonnen, wo ich doch die schlechteste Wertung hatte?", fragte Melissa verblüfft.

„Ganz einfach, weil weniger Frauen am Turnier teilgenommen haben, als es Preise gab!", klärte Tom sie grinsend auf.

Melissa suchte Enricos Blick, sie war sich ganz sicher, dass er das gewusst hatte. Augenzwinkernd übereichte er ihr mit einer kleinen Verbeugung den Gutschein, dann küsste er sie. Die anderen Teilnehmer und die Zuschauer klatschen begeistert – alle, bis auf einen: Thomas.

Nachdem die Siegerehrung vorüber war und das Gedränge sich allmählich lichtete, kam Gudrun auf Melissa zu, um ihr zu gratulieren.

„Beeindruckende Leistung, zumal nach dieser Nacht!", sagte sie herzlich und drückte Melissa anerkennend die Hand. „Ich möchte dir – auch im Namen von Basti und der gesamten Belegschaft – für deine großzügige Hilfe danken. Und nicht nur dafür, auch für den Schubser in Bezug auf Fons!"

„Da schließ ich mich doch gleich an“, erklärte der und stellte sich neben sie. Gudrun überragte ihn um einen guten, halben Kopf, dennoch gaben die beiden ein perfektes Paar ab.

„Dann war unsere Kuppelei also erfolgreich?“, fragte Melissa atemlos.

Gudrun und Fons nickten strahlend.

„Aber da wäre noch etwas …“, sagte Gudrun und brach unschlüssig ab.

„Ich höre?“ Abwartend sah Melissa die aparte Hotelchefin an, die in dem cremeweißen Dirndl, das sie heute trug, fast schon aussah wie eine Braut.

„Ich weiß, es ist ein bisschen verwegen, aber ich muss dich das einfach fragen!“, sagte sie.

„Jetzt mach schon!“, ermunterte Fons seine Liebste und gab ihr einen Stups.

„Nachdem du und der Rico … Also ich hab mich gefragt, ob du nicht einfach bei uns bleiben und bei mir im Hotel die Finanzchefin werden willst?“

Melissa war von diesem Vorschlag so überrumpelt, dass sie nicht wusste, was sie dazu sagen sollte. Da fiel ihr Blick zufällig auf die sauertöpfische Miene ihres Noch-Chefs und sie sagte spontan: „Und ob ich das will!“

Fassungslos starrte Thomas sie an. Mit zwei schnellen Schritten war er bei ihr. „Und was wird dann aus unserer Villa in Kronberg?“, fragte er vorwurfsvoll.

Melissa zuckte gleichgültig mit den Schultern.

„Vergiss nicht unsere gemeinsame Wohnung!“, erinnerte er sie eindringlich, er war schon immer ein schlechter Verlierer gewesen.

„Unsere?“ Melissa zog eine Augenbraue hoch. „Es

ist meine Wohnung und ich werde sie verkaufen!", verkündete sie und fühlte sich mit einem Mal unglaublich befreit.

In diesem Moment klingelte das Mobiltelefon in ihrer Tasche. Es war ihre Mutter. Melissa wusste, dass sie rangehen musste, sie konnte sich nicht länger davor drücken.

„Melissa, Kind, endlich! Gut dass ich dich erreiche! Sag, wäre es dir vielleicht möglich, noch ein wenig länger im Allgäu zu bleiben?"

Melissa fiel vor Schreck fast das Telefon aus der Hand. „Aber wieso denn das?", gab sie zurück

„Weil ich am Freitag meinen Bescheid bekommen habe. Stell dir vor, die Reha wurde nun doch bewilligt! Und zwar in einer Einrichtung im Allgäu!", erzählte ihre Mutter aufgeregt. „Ist das nicht wundervoll?"

Wie war das möglich? Melissa sah Enricos verschmitztes Grinsen und fragte sich, ob er das irgendwie eingefädelt haben könnte.

„Ja, Mama, ich denke, das sollte machbar sein!", sagte sie und versprach, zur Besprechung der Details sich bald wieder bei ihr zu melden.

„Erst wurde ihr die Reha verweigert, jetzt wird sie ihr auf einmal doch bewilligt – und dann auch noch hier im Allgäu?" Fragend sah Melissa Enrico an, aber der zuckte ratlos mit den Schultern, damit hatte er nichts zu tun.

Plötzlich schwante ihr, wer da seine Finger im Spiel haben könnte. Suchend sah sie sich nach Thomas um, konnte ihn jedoch nirgends mehr entdecken. Seine doppelte Niederlage war wahrscheinlich zu viel für ihn gewesen. Wieder einmal hatte er den Lauf der Dinge geschickt zu seinem Vorteil zu beeinflussen gewusst – aber diesmal war Melissa mit dem Ergebnis vollauf zufrieden.

Nachdem das Turnier offiziell für beendet erklärt worden war, wanderten Melissa und Enrico Arm in Arm zurück zum Hotel. Plötzlich blieb sie stehen.

„Herr Edelmann, ich muss Ihnen gratulieren, Ihr Anti-Stress-Programm ist unglaublich wirkungsvoll!“

Verwundert sah er sie an.

„Mit dem siebten Tag hat es sein Ziel erreicht: Ich bin tatsächlich mit allem einverstanden!“, rief Melissa und warf vor Freude jauchzend die Arme in die Luft.

Worauf Fons, der mit seiner Gudrun an der Hand hinter den beiden herlief, schmunzelnd meinte:

„Ich sag`s ja immer: Glück kann man nicht haben, Glück muss man leben!“

ENDE

Vielen Dank, dass du mein Buch zu Ende gelesen hast, ich hoffe, es hat dir gefallen!

Mehr über mich und meine Bücher findest du auf meiner Facebook-Seite, über die du auch Kontakt zu mir aufnehmen kannst. Außerdem poste ich dort regelmäßig Fotos von den Schauplätzen meiner Geschichten. www.facebook.com/susanne.n.bahro/

ALLGÄU ROMANTIK
Geschichten wie ein Kurzurlaub im Allgäu!

Bisher erschienen:

Band I: Neuanfang am Paradies
ISBN 978-3-00-053503-1

Band II: Abschied am Alpsee
ISBN 978-3-00-053926-8

Band III: Endstation Hochgrat
ISBN 978-3-00-053927-5

Auf Wiederlesen im nächsten Band!

Herzlichst,
Susanne N. Bahro